专项职业能力教材

U0961571

电商直播销售

湖南省职业技能鉴定中心
湖南省职业技术培训研究室 组织编写

刘石川　于爱山　于美茜　主　编

電子工業出版社
Publishing House of Electronics Industry
北京 · BEIJING

内 容 简 介

本教材共分为两篇，分别为基础篇和进阶篇。基础篇主要介绍电商直播准备阶段的内容，进阶篇主要介绍电商直播选品及团队建设等内容。

本教材具有较高的实用性和前瞻性。学生经过学习培训后，有利于其通过专项职业技能考核，还能够学习到一整套直播流程。通过吸收采纳优秀直播间的经验，真正掌握专项职业能力要求的技能和知识。

图书在版编目（CIP）数据

电商直播销售 / 刘石川，于爱山，于美茜主编. —北京：电子工业出版社，2021.11

ISBN 978-7-121-42253-9

Ⅰ. ①电… Ⅱ. ①刘… ②于… ③于… Ⅲ. ①电子商务—网络营销 Ⅳ. ①F713.365.2

中国版本图书馆 CIP 数据核字（2021）第 217218 号

责任编辑：罗美娜
印　　刷：中国电影出版社印刷厂
装　　订：中国电影出版社印刷厂
出版发行：电子工业出版社
　　　　　北京市海淀区万寿路 173 信箱　邮编　100036
开　　本：787×1 092　1/16　印张：8.75　字数：224 千字
版　　次：2021 年 11 月第 1 版
印　　次：2021 年 11 月第 1 次印刷
定　　价：39.80 元

凡所购买电子工业出版社图书有缺损问题，请向购买书店调换。若书店售缺，请与本社发行部联系，联系及邮购电话：（010）88254888，88258888。

质量投诉请发邮件至 zlts@phei.com.cn，盗版侵权举报请发邮件至 dbqq@phei.com.cn。

本书咨询联系方式：（010）88254617，luomn@phei.com.cn。

出 版 说 明

人力资源是国家发展、民族振兴最重要的战略资源，是国家经济社会发展的第一资源，是促进生产力发展和体现综合国力的第一要素。加强人力资源开发工作和人才队伍建设是加快我国现代化建设过程中事关全局的大事，始终是一个基础性、全面性、决定性的战略问题。坚持人才优先发展，加快建设人才强国对于全面实现小康社会目标、建设富强民主文明和谐的社会主义现代化国家具有决定性意义。党和国家历来高度重视人力资源开发工作，改革开放以来，尤其是进入新世纪新阶段，党中央和国务院做出了实施人才强国战略的重大决策，提出了一系列加强人力资源开发的政策措施，培养造就了各个领域的大批人才。但当前我国人才发展的总体水平同世界各级国家相比仍存在较大差距，与我国经济社会发展需要还有诸多不适应。根据《国务院办公厅关于印发职业技能提升行动方案（2019—2021 年）的通知》（国发办〔2019〕24 号）、《人力资源社会保障部关于改革完善技能人才评价制度的意见》（人社部发〔2019〕90 号）文件精神，建立技能人才多元评价机制，完善职业资格评价、职业技能等级认定、专项职业能力考核等多元化评价方式是当前深化职业技能培训机制改革的重要工作之一。

专项职业能力，是指国家职业技能标准的最小的、可就业的，具有一定技术含量的职业技能单元。专项职业能力考核是全面贯彻落实科学发展观，大力实施人才强国战略的重要举措，有利于促进劳动力市场建设和发展，关系到广大劳动者的切身利益，对于企业发展和社会经济进步以及全面提高劳动者素质和职工队伍的创新能力具有重要作用。专项职业能力考核也是当前我国经济社会发展，特别是就业、再就业工作的迫切要求。

专项职业能力教材严格按照专项职业能力考核规范及考核细目进行编写，教材内容反映了专项职业能力所需要的核心知识与技能，较好地体现了适用性、先进性与前瞻性。专项职业能力题库的建立，对于保证专项能力考核工作的质量起着重要作用，是加快培养一大批数量充足、结构合理、素质优秀的技术技能型、复合技能型的高技能人才，为各行各业造就出千万能工巧匠的重要具体措施。湖南省人力资源和社会保障厅职业技能鉴定中心（湖南省职业技术培训研究室）组织开发了新的题库，并对题库进行审核。同时组织相关行业的专家参与教材的编审工作，保证了教材内容的科学性与考核细目、题库的紧密衔接。

专项职业能力教材突出了适应职业技术教育的特色，读者通过学习，不仅有助于通过考核，而且能有针对性的进行系统学习，真正掌握专项职业能力的核心技术与操作技能。本套丛书根据专项职业能力考核规范和题库编写，在编写过程中，贯彻了“围绕考点、服务考试”的原则，把编写重点放在以下几个主要方面。

第一，内容上涵盖了考核规范对该职业的技能要求，确保达到技能人才的培养目标。

第二，突出考前辅导特色，以专项职业能力考点作为本套丛书的编写重点内容上紧紧围绕专项职业能力考核的内容，充分体现系统性和实用性。

第三，坚持“新内容”为编写侧重点，无论是内容上还是形式上都力求有所创新，使本套丛书更贴近专项职业能力考核，更好地服务于专项职业能力考核工作。

组织开发高质量的专项职业能力教材，加强专项职业能力教材建设，为技能人才培养提供技术和智力支持，对于提高技能人才培养质量，推动职业教育科学发展非常重要。我们要适应新形势新任务的要求，针对专项职业能力考核工作的实际需要，统一规划，总结经验，加以完善，努力把专项职业能力考核教材建设工作做好，为提高劳动者素质、促进就业和经济社会发展做出积极贡献。

湖南省人力资源和社会保障厅职业技能鉴定中心

湖南省职业技术培训研究室

前言

PREFACE

本套教材的编写符合职业院校学生和广大劳动者的认知和技能学习规律，特色明显，在保证知识体系完备、脉络清晰，论述精准深刻的同时，尤其注重培养读者的实际动手能力和企业岗位技能的应用能力，并结合大量的典型任务和项目来使读者更进一步灵活掌握及应用相关的技能。

为满足电商直播销售专项职业能力考核需要，更好地服务于电商直播销售专项职业能力证书制度的推行工作，湖南省人力资源和社会保障厅职业技能鉴定中心（湖南省职业技术培训研究室）组织专家成立了电商直播销售专项职业能力题库开发小组，对电商直播销售考核规范、教材进行了深入研究，撰写了《电商直播销售——专项职业能力教材》，通过了湖南省人力资源和社会保障厅职业技能鉴定中心（湖南省职业技术培训研究室）的审定。

一、编写背景

为贯彻落实《国务院办公厅关于印发职业技能提升行动方案（2019—2021 年）的通知》（国办发〔2019〕24 号）、《人力资源社会保障部关于改革完善技能人才评价制度的意见》（人社部发〔2019〕90 号）文件精神，建立技能人才多元评价机制，湖南省人力资源和社会保障厅组织专家开发了“专项职业能力教材”系列丛书。目前电商直播销售从业人员在专业性、规范性、效率等方面存在不足，本书旨在为在岗、新进人员，拟从事该岗位的人员提供快速、简洁、规范的知识技能学习方法。

二、编写思路

本书遵照人力资源和社会保障部专项职业能力开发要求——职业岗位技能最小单元化，紧密围绕电商直播销售岗位，面向初中文化水平及以上人员进行编写，力争使参加该专项能力学习的人员实现“零距离”上岗、稳岗，就业后能获得一定收入，并有信心在岗位中再继续学习更多的技能。在内容安排上，先介绍电商直播行业的发展趋势，再介绍直播前、直播中、直播后需要准备的一系列工作等。本书图文并茂，通俗易懂,使学员能够通过学习与训练，掌握电商直播销售专项技能。

三、特点

（一）实用性。书中学习任务来源于真实岗位技能，针对性强，普适性强。

（二）发展性。学习完本课程，学员不仅可以参与到电商直播销售工作中，也能更加深入地学习电商直播销售相关行业知识。

（三）综合性。学习完本课程，学员能够运用所学的相关直播间互动技巧、直播语言的应用、直播销售话术、直播售后技巧，解决电商直播销售中的相关问题。

（四）评价性。学习完本课程，学员能够掌握直播前的准备工作、直播中的沟通及销售技巧、直播后的复盘及选品等各项技能，以胜任电商直播销售等岗位工作。

四、编写分工

本书由湖南省人力资源和社会保障厅职业技能鉴定中心（湖南省职业技术培训研究室）委托长沙新学问教育科技有限公司编写，由刘石川、于爱山、于美茜担任主编，欧洁、刘程伟、宾颖超、赵靓、曹景龙、田莉担任副主编，陆敏玲、周春年、江勇雪、匡文明、崔朕参编。

本书的编写得到了湖南省人力资源和社会保障厅职业技能鉴定中心（湖南省职业技术培训研究室）相关领导的大力支持与指导，教材编写是一项探索性工作，由于编者水平有限，时间紧迫，书中难免存在疏漏之处，敬请各使用单位及广大读者指正！

编　者

目录

CONTENTS

基础篇

进　阶　篇

基础篇

第一章

初识电商直播

近几年，我国电子商务发展迅猛，电商直播成了热门和风口。它创造了新的销售形式，引发了全行业现象级的投资潮流。并成为推动经济发展的重要手段，开辟了就业增收新渠道，成为全行业新业态经济发展的动力。本章主要介绍电商直播的概念，行业的现状及发展趋势，以及人、货、场三要素等。

第一节 电商直播概述

电商直播是指通过互联网平台，使用直播技术进行商品线上展示、咨询答疑、导购销售的新型服务方式，具体形式为由店铺自己开设直播间推介商品，或者由职业主播集合进行推介。电商直播的种类很多，既包括直播者利用直播功能向消费者推销产品或服务，也包括在娱乐型社交直播平台上，直播者通过直播向其他平台的电商企业引流等。本节主要介绍电商直播的概念、带货模式的变化及电商直播的优劣势等。

一方面，电商直播互动性强，消费者可以像在商场一样与主播进行互动；另一方面，电商直播往往能够做到以较低的价格出售商品，它绕开了传统的中间渠道，实现了商品与消费者的对接。

一、带货模式的变化

电商直播的带货模式在不同时期也各不相同，具体变化如下。

（1）红利期：2016 年是移动直播的风口，以游戏直播、秀场直播为主，此时淘宝、蘑菇街、京东等电商平台率先探索“电商+直播”模式。

（2）蓄能期：2017 年～2018 年是电商直播的蓄能期，淘宝、蘑菇街等传统电商平台着手孵化直播红人体系、整合供应链等，抖音、快手、美拍等短视频平台开始尝试电商直播。服务于电商直播的 MCN（Multi-Channel Network）是一种多频道网络的产品形态，也是一种新的网红经济运作模式。这种模式将不同类型和内容的 PGC（专业生产内容）联合起来，在资本的有力支持下保障内容的持续输出，从而最终实现商业的稳定变现、快速成长。本阶段电商直播逐步向精细化运营方向发展。

（3）爆发期：2019 年，电商直播的发展迎来了爆发期，直播带货 GMV（Gross Merchandise Volume，网站的成交金额）暴增。淘宝直播领先优势明显，引入了明星主播、农村主播等辐射增量人群。各个平台加码红人培养，流量扶持。拼多多、小红书、知乎等平台相继上线直播功能，MCN 机构不断深化商业变现模式探索。

（4）持续发展期：2019 年以后，电商直播的发展进入持续发展期。淘宝直播继续领跑，腾讯也开始加入直播大军，视频号爆发。电商直播行业的规模持续保持高增长，直播品类不断拓宽，整个行业向平台化、产业化发展。

二、电商直播的优劣势

电商直播的优劣势具体表现如下。

优势：一是对比线上平台的单一图片展示，直播的展现形式更直接、更全面、更真实，互动性更强。例如，服饰类产品，主播可以根据用户的需求进行搭配，用户可直接查看效果；二是主播实时的语言和情绪，以及用户对于产品的及时反馈能够使产品更加真实，从而降低信任成本；三是直播间有主播的存在就有实时的交互渠道，能够让用户体验到切身服务，用户的诉求可以快速得到满足。直播实时互动+视频呈现使得主播能够轻易“种草”，营造直播间紧迫感，从而使用户快速下单。最重要的是，直播有利于建立直播品牌及粉丝效应。主播的持续曝光，使其能够持续积累粉丝数量，从而形成主播的个人品牌，品牌主播可使用户和产品之间的信任成本大大降低。

劣势：一是直播无法看清产品的细节，用户无法感受产品的质感，只能凭主播简单的描述进行判断；二是服饰类产品无法看到本人上身的效果，仅凭主播提供的身高、体重等信息进行参考。此外，直播间的打光、镜头、滤镜等对产品的外观影响较大；三是直播的清晰度不够，对美妆类、服饰类产品的真实体验有较大的影响，一些注重色彩的产品会产生一定的色差；四是当直播间气氛活跃，在线人数较多时，主播无法兼顾每个人的问题及需求。甚至有些主播为了节省时间，使用录播，这会导致用户的体验较差；五是主播具有较强的感染力，直播间的群体效应很强，容易产生冲动消费，导致退货率较高。

第二节 电商直播行业存在的问题及发展趋势

近年来，电商直播用户规模不断增大，据中国互联网络信息中心（CNNIC）统计，截至 2020 年上半年，电商直播的用户规模达 3.09 亿。较 2020 年 3 月增长 4430 万，规模增速达 16.7%。占网购用户的 41%，占直播用户的 55%，成为 2020 年上半年增长最快的个人互联网应用。本节主要介绍电商直播行业存在的问题及发展趋势。

2020 年电商直播的市场规模不断扩大，与此同时行业质量却频频暴雷，相关部门的监管力度正在加大。5G 环境叠加人工智能、短视频、虚拟主播、全息影像等技术的应用，电商直播行业或将迎来更多突破想象的新业态。但是这一切的前提是必须建立在规范的直播监管体系之下。未来行业将趋于规范化发展。

“直播+”将成为电商新常态，电商直播的“人、货、场”范围快速扩大，直播将成为电商的“标配”。

一、电商直播行业存在的问题

1. 夸大宣传、虚假营销问题突出

（1）部分电商直播内容对商品的原料、性能、性价比、用途、使用效果等进行夸大宣传。

（2）部分电商直播内容含有虚假的成分，利用消费者的信任，欺骗和误导消费者购买。

（3）直播时涉及广告极限词的情况较为明显，如宣传语多为“秒杀价”“最后一波”“不买吃亏”等。

（4）部分电商直播商品存在质量差、收到的货与购买的产品严重不符等问题。

2. 主播素质参差不齐，用户交易存在风险

目前，电商直播的部分主播存在对产品虚假宣传、私下交易等问题。这些问题直接导致用户交易存在风险，相关平台应当重视对主播素质的管控并加强对主播群体的规范。

（1）部分主播缺乏专业知识，宣传语多集中在“自留”“赶快拍”“好看”等，无法对产品进行详细、专业地介绍。

（2）主播与经营者之间的关系不明晰，消费者对主播是产品的经营者还是产品的宣传者认知不清晰。

（3）部分主播对其推荐的产品不了解，而且没用过，这是对消费者不负责。

（4）主播引导消费者绕开平台进行私下交易，使得消费者在支付、收货等方面存在较大风险。

（5）电商直播中介绍的产品与购买链接存在不一致的问题。

3. 消费者维权难，主播及商家售后服务差

电商直播满意度有待提升，强化消费者的维权意识、引导电商行业健康有序发展、强化商家诚信规范经营、打击各类违法违规行为是未来的监管重点。

（1）2020 年 3 月 31 日，中国消费者协会发布的《直播电商购物消费者满意度在线调查报告》指出电商直播存在投诉流程复杂繁琐、售后服务差等问题。

（2）消费者冲动消费较严重，风险意识相对薄弱。

（3）消费者满意度较低，存在物流配送慢、假货过多、主播及商家售后服务态度恶劣等问题。

（4）存在维权找不到经营者、证据链等问题。

（5）直播平台与电商交易平台关系复杂，消费者的知情权、公平交易权和合理维权诉求得不到保证。

二、电商直播行业的发展趋势

1. 改善行业市场现状，提升用户的电商直播购物体验

目前，电商直播行业存在主播素质参差不齐、用户交易风险大、产品质量差、售后服务差、维权难等问题，较大程度上影响了消费者的信任度和复购率。只重视流量、曝光量和话题度的电商直播行业生态必须改变，而以消费者为导向、关注产品质量，提升用户购物体验和满意度、满足消费者需求的电商直播更能吸引消费者。

2. 提升主播专业素养和责任意识，重视电商直播平台管理与规范

目前，电商直播的部分主播存在缺乏与产品相关的专业知识、对产品不熟悉、虚假宣传、私下交易等问题，这些问题导致用户交易存在较大风险。平台应重视对主播素质的管控并加强对主播群体的规范。与此同时，平台的管理与运营经验不断积累并逐渐形成标准、制度和规范，从而提升消费者的购物体验。

3. 完善供应链，改进电商直播购物环节

对电商直播而言，优质产品是提高用户信任度、保障主播持续带货的重要资源。而目前较多消费者对收货时间、收货准确率和产品质量存在不满。如何完善电商平台、商家、品牌方、供应商的资源和货源对接，实现规模化、去中间化，从而降低渠道费用，提高物流配送效率与准确率，将是未来行业关注的重点。

4. 加大监管力度，引导电商直播行业健康有序发展

随着行业的快速发展，部分不法分子通过电商直播销售低价、假冒伪劣产品，泄露用户个人信息，对直播数据造假并宣传不良信息等，相关政府部门和机构正逐步强化消费者维权意识、强化商家诚信规范经营、打击各类违法违规行为、规范直播内容及增强对 MCN 公司的监管。

第三节 电商直播中的人、货、场三要素

互联网时代的每一次“大风口”都是建立在用户需求驱动和商业价值驱动双重因素的叠加之上的，两者缺一不可。电商兴起对用户端的利益驱动是商品更便宜，对商家的利益驱动是可以直接面向用户，省去了线下经销商体系。随着线上流量集中到几个集中化电商平台，商家的线上获客成本越来越高，短视频和直播的崛起给商家带来了再一次去中间化的可能性。

随着电商直播的发展，电商直播大生态已基本形成，其公式概括为爆款直播=多元渠道引流（场）+高性价比好货（货）+带货人设建构（人），即本节要介绍的人、货、场电商直播生态。

如图 1-2 所示为人、货、场直播爆款模型。

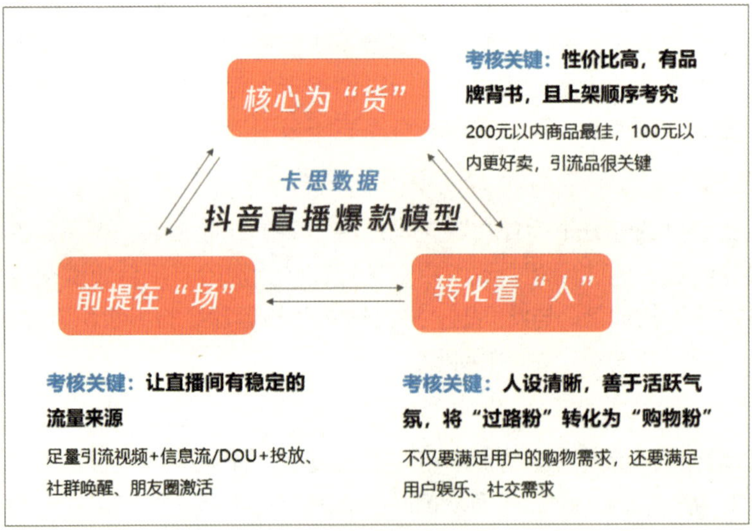

图 1-2　人、货、场直播爆款模型

一、前提在“场”：尽量多争取直播流量来源

对大多数商家/主播而言，在平台上开播最难的并非内容或涨粉，而在于“流量”的多元来源。快手直播的流量更多源于“关注”而非“发现”，且大部分主播长期处于开播状态，与用户保持高强度互动。因而具有天然的“社交黏性”，流量稳定性更高。而抖音直播流量则多来自公域流量池，直播流量的来源相对复杂。拥有推荐页、关注页、直播页和同城页 4 大流量入口，不同的入口，展示方式和推荐逻辑又不尽相同。因而在抖音带货既要用好

推荐页这个最大的流量池，做好预热、引流视频，吸引最广域的用户进入直播间。又要善于做好直播间的用户互动，通过福利、抽奖、秒杀等活动引导用户互动，提升用户关注转化和商品浏览，以获得直播广场的热门推荐。

以上只是做好内容（含视频内容、直播内容）的基础，作为抖音平台的带货主播，还要用好抖音的信息流广告和直播 DOU+等，为直播间引流。相对而言，前者可以将用户颗粒度设置得更细，这对价格相对高、转化难度大的商品直播更为实用。预热引流视频可以准备多条。还可以直接拍摄直播花絮并配合 DOU+投放，这对直播过程中的引流极其重要。全网最能卖货的 TOP100 主播的日均视频发布量达到 4.6 条，这样高密度的视频发布配合以 DOU+助燃，为高销量奠定了基础。

二、核心为“货”：既要强调货的性价比，又要注重品牌、品质

看重货的品牌、品质、性价比有两个原因，一是相比于传统电商，快手、抖音用户的电商消费更为成熟。用户可以通过比价、查看口碑等形式来决定是否购买，因此低价并不是引导用户消费的唯一诱因；二是相比于淘宝直播，用户在快手、抖音观看直播的原因不同。在淘宝直播上，用户多是为了买买买而来，是纯购物用户；而快手、抖音上的用户初始看直播多为娱乐，购买随机性很大，因此产品的综合实力（如品牌、品质、价格等）很重要。

某主播在货的甄选和货的上架顺序上十分考究。货品会被分为引流品、爆品、常销品和清仓品等多类，引流品会不定期上架，以维护直播间的人气和热度；而爆品则会在人气最高时上架，且会占用最多的时间讲解（包括介绍商品价值、价格、研发背景、用户口碑等），以吸引用户。

三、转化看“人”：随着抖音上的“购物粉”养成，人设建构的重要性愈发凸显

人设决定用户是否愿意持续地追随你，只有真正的“铁粉”或“购物粉”得以养成，靠外部（如社群、广告等）引流的价值才会降低，来自关注池的用户价值才能提升。相比于淘宝、拼多多等电商直播平台，在抖音、快手直播平台上做带货人设，不仅能真正充当用户的眼睛（为用户选品、砍价），还能让用户在观看直播时有所收获，这种收获包括轻松的收获、愉悦的收获、共情的收获、学习的收获等。这是抖音、快手直播平台与电商直播平台最大的差异。

例如，某些艺人会在直播中与用户分享自己的家庭生活、爱用好物，以及对生活、感情等的态度，并愿意与粉丝们打成一片，因而能够赢得用户信任。又如某食品主播在直播中不仅会卖牛排，还会为大家详细讲解牛排的专业知识，并通过直播的形式赋予简单的烹饪过程以“仪式感”。这样既能让有购买需求的用户快速决策，也能让没有购买需求的用户愿意停留在直播间里收获知识，并悄悄点个“关注”，而关注正是转化的前提。

练习题一

单选题

1. 中国消费者协会的《直播电商购物消费者满意度在线调查报告》是什么时间发布的？（　　）

A. 2020 年 4 月 30 日　　B. 2020 年 3 月 31 日

C. 2019 年 3 月 31 日　　D. 2020 年 2 月 29 日

2. 电商直播行业发展趋势有哪些？（　　）

A. 改善行业市场发展现状，提升用户电商直播购物体验

B. 提升主播专业素质和责任意识，重视电商直播平台管理与规范

C. 完善供应链，改进电商直播购物环节

D. 加大监管力度，引导电商行业健康有序发展

E. 以上都是

3. 哪个短视频平台的消费者多为女性？（　　）

A. 抖音　　B. 快手　　C. 腾讯直播　　D. 西瓜视频

多选题

淘宝平台需要满足哪些条件才能入驻做主播？（　　）

A. 必须完成支付宝实名认证，且在 18 周岁以上

B. 符合《淘宝达人平台管理规范》中淘宝达人的准入要求

C. 账户状态正常

D. 已入驻阿里创作平台成为达人

E. 具备一定的主播素质和能力

问答题

1. 什么是电商直播？

2. 电商直播的优势有哪些？

3. 电商直播的发展现状是什么？

第二章

电商直播从业人员要求

电商直播在 2020 年迎来井喷式的发展，但是随着该行业的高速发展，消费者合法权益受到侵害的问题日趋严重。因此国家及各地方政府相继出台新规，不断完善涉及直播业务的法律法规。电商直播从业人员除需要学习《电子商务法》《广告法》《消费者权益保护法》外，还需要学习 2020 年后国家及各地方政府针对直播领域出台的法规。只有遵纪守法，直播行业才能稳定发展。本章主要介绍电商直播从业人员的具体要求。

第一节 电商直播从业人员的职业道德要求及法律素养

职业道德是指从事一定职业的人在特定的工作和劳动岗位上进行职业活动时，从思想到行为都应当遵循的道德规范。它时刻体现着社会道德，是社会道德基本规范与职业具体实践活动相结合的产物。

电商直播作为一种新兴的行业，相关的规范及制度尚不完善。作为电商直播从业人员，首先应具备爱岗敬业、诚实守信、办事公道、服务群众、奉献社会等职业道德；其次针对电商直播行业发展速度快、流通环节少等特点，电商直播从业人员还应具备勤于思考、乐于学习、敢于创新等素质。

法律素养是指电商直播从业人员认识和运用法律的能力，一是指法律知识；二是指法律意识。

随着直播元年的到来，直播行业的井喷式发展，对电商直播从业人员的要求越来越高。国家及各地方政府纷纷出台针对直播行业的法律法规，电商直播从业人员必须认真贯彻相关法律法规，遵守各平台的相关规则。

一、2020 年 6 月 30 日浙江发布全国第一个直播电商领域标准——《直播电商人才培训和评价规范》

根据该规范，电商直播从业人员的技能可以分为初级、中级和高级。初级技能是从事电商经营活动的普通员工应具备的能力，如产品描述、直播工具使用、商品拍摄美化、脚本撰写等；中级技能是从事电商经营活动的骨干级员工应具备的能力，如营销方案制定，仓储规划，粉丝管理维护等；高级技能是从事电商经营活动的领军级人员应具备的能力，如营销渠道的开发、供应链管理、模式创新等，其学历申报要求最低为大专在读。

二、2020 年 7 月 1 日《网络直播营销行为规范》正式实施

该规范为国内首个关于网络视频营销活动的专门规范，对电商直播中的各类角色、行为都做了全面的定义和规范。

《网络直播营销行为规范》禁止的内容如下。

（1）反对宪法所确定的基本原则及违反国家法律、法规禁止性规定的。

（2）损害国家主权、统一和领土完整的。

（3）危害国家安全、泄露国家秘密及损害国家荣誉和利益的。

（4）含有民族、种族、宗教、性别歧视的。

（5）散布谣言等扰乱社会秩序，破坏社会稳定的。

（6）散步淫秽、色情、赌博、迷信、恐怖、暴力或教唆犯罪的。

（7）侮辱、诽谤、恐吓、涉及他人隐私等侵害他人合法权益的。

（8）危害未成年人身心健康的。

（9）其他危害社会公德或民族优秀文化传统的。

三、2020 年 7 月 3 日“直播投诉平台”和“人民优选直播联盟”同步上线

人民优选平台在中国消费者协会、中国广告协会的支持下，携手地方政府、电商平台、短视频直播平台、MCN 机构等共同组建“人民优选直播联盟”。人民网“直播投诉平台”同步上线，旨在助力解决消费者直播购物维权问题，发挥媒体的舆论监督作用，以保护消费者的合法权益。

四、2020 年 7 月 6 日“直播销售员”成为新职业

中华人民共和国人力资源和社会保障部联合国家市场监督管理总局、国家统计局公布互联网营销师等 9 个新职业，直播销售员被定义为在数字化信息平台上，运用网络的交互性与传播公信力对企业产品进行营销推广的人员。直播营销人员或直播间运营者为自然人的，应当年满 16 周岁，不得虚构或篡改关注度、浏览量、点赞量、交易量等数据信息。

主播是指在网络直播营销活动中与用户直接互动交流的人员，其必备的法律素养如下。

（1）需要了解与网络直播营销相关的基本知识，掌握一定的专业技能，树立法律意识。入驻网络直播营销平台应提供真实有效的个人身份、联系方式等信息，信息若有变动应及时更新并告知平台。主播不得违反法律、法规和国家有关规定，不得将其注册的账号转让或出借给他人使用。

（2）入驻网络直播营销平台应当进行实名认证，前端呈现可以采用符合法律法规要求的昵称或其他名称。主播设定直播账户名称、使用的头像及直播间封面图像应符合法律、法规和国家有关规定，不得含有违法及不良有害信息。

（3）直播间及直播场所应当符合法律、法规和网络直播营销平台规则的要求，不得在下列场所进行直播。

- 涉及国家及公共安全的场所。
- 影响社会正常生产及生活秩序的场所。
- 影响他人正常生活的场所。直播间的设置、展示属于商业广告的应当符合《中华人民共和国广告法》的规定。

（4）主播在直播营销中应坚持社会主义核心价值观，遵守社会公德，不得含有以下言行。

- 制造低俗氛围，引导场内低俗互动的。
- 带有性暗示、性挑逗、低俗趣味的。
- 攻击、诋毁、侮辱、谩骂、骚扰他人的。
- 在直播活动中吸烟或变相宣传烟草制品（含电子烟）的。
- 内容荒诞惊悚，以及易导致他人模仿的危险动作。
- 其他违反社会主义核心价值观和社会公德的行为。

（5）发布的商品、服务内容与商品、服务链接应当保持一致，且实时有效。法律、法规规定需要明示的直接关系消费者生命安全的重要消费信息，应当对用户进行必要、清晰的消费提示。

（6）在直播活动中应当保证信息真实、合法，不得对商品和服务进行虚假宣传，欺骗、误导消费者。

（7）在直播活动中做出的承诺应当遵守法律法规，遵循平台规则，并符合其与商家的约定，保障消费者的合法权益。

（8）在网络直播营销活动中不得损害商家、网络直播营销平台的合法利益，不得以任何形式导流用户私下交易，或者从事其他谋取非法利益的行为。

（9）向商家、网络直播营销平台提供的营销数据应当真实，不得采取任何形式进行流量等数据造假，不得采取虚假购买等方式骗取商家的佣金。

（10）以机构名义进行直播活动的，主播机构应当对与自己签约的个人主播的网络直播营销行为负责。

第二节　电商直播从业人员的职业技能要求

电商直播从业人员除必备的职业道德和法律素养外，还需具备一定的职业技能。本节主要从开播阶段、直播阶段、售后阶段介绍电商直播从业人员的职业技能要求。

一、开播阶段

开播阶段电商直播从业人员需具备的技能如下。

（1）掌握各大网络直播平台的开播规则，了解直播平台的功能。

（2）熟练使用直播设备、直播软件。

（3）能够拍摄与制作直播预热、引流短视频，熟练使用视频剪辑软件。

（4）能能够严格选品，选择大众喜爱、符合市场规范的直播商品。

（5）能能够搭建直播间场景。

（6）熟知直播商品的价格及各项性能。

（7）能够设计具有特色的直播方案，编写直播脚本，策划直播活动。

（8）能够规划好直播时间和直播内容。

开播阶段电商直播从业人员需具备的相关知识如下。

（1）各大网络直播平台的运营规则。

（2）直播平台不推荐的商品类型。

（3）文案撰写基础知识。

（4）视频剪辑常用工具基础知识。

（5）爆款潜质产品的选品策略和规范。

（6）热门直播营销模式。

（7）直播设备的使用方法。

（8）常用电商直播场景的布局方法。

二、直播阶段

直播阶段电商直播从业人员需具备的技能如下。

（1）能够依法规范自身的直播行为。

（2）熟练展示直播商品的外观和特点，根据直播商品的性能提炼出卖点。

（3）能在直播销售过程中及时回复粉丝的咨询，调动粉丝情绪，活跃直播间氛围。
（4）能够应对直播销售过程中出现的问题和突发状况。
直播阶段电商直播从业人员需具备的相关知识如下。
（1）直播平台的敏感词、违禁词。
（2）直播销售带货技巧。
（3）粉丝关系沟通、口语表达技巧。
（4）与粉丝的互动方式。

三、售后阶段

售后阶段电商直播从业人员需具备的技能如下。
（1）能够积极处理订单售后。
（2）能够分析直播数据。
（3）能够了解粉丝需求。
（4）能够常与粉丝进行互动，有问必答，提高粉丝活跃度。
售后阶段电商直播从业人员需具备的相关知识如下。
（1）订单处理与售后服务规范基础知识。
（2）消费者保障义务基础知识。
（3）涨粉与引流变现技巧。

练习题二

单选题

1. 以下哪项是电商直播过程中错误的处理方式？（　　）
   A. 积极处理订单售后　　B. 了解粉丝需求
   C. 与粉丝进行互动　　D. 遇到粉丝提问马上转移话题
2. 下列哪项不属于电商直播从业人员的道德要求？（　　）
   A. 爱岗敬业　　B. 遵纪守法
   C. 自娱自乐　　D. 诚实守信
3. 下列关于电商直播从业人员需要具备的法律素养错误是（　　）。
   A. 掌握一定的专业技能，树立法律意识
   B. 随便设置商品价格
   C. 不得损害商家、网络直播营销平台的合法利益
   D. 不得对商品和服务进行虚假宣传，欺骗、误导消费者

多选题

1. 主播在开播前需了解的相关知识有哪些？（　　）
   A. 直播设备的使用方法
   B. 各大网络直播平台的运营规则
   C. 文案撰写基础知识
   D. 爆款潜质产品的选品策略和规范
2. 主播在直播过程中需掌握哪些技能？（　　）
   A. 应对直播销售过程中出现的问题和突发状况
   B. 及时回复粉丝的咨询，调动粉丝情绪，活跃直播间氛围
   C. 能言善辩，不正面回答粉丝的问题，粉丝提出问题应马上转移话题
   D. 依法规范自身的直播行为
3. 开播前主播需要做好哪些功课？（　　）
   A. 熟练使用直播设备、直播软件
   B. 悠闲喝茶，放松心情
   C. 严格选品，选择大众喜爱、符合市场规范的直播商品
   D. 熟知直播商品的价格及各项性能

问答题：

1. 什么是电商直播从业人员的道德要求？

2.《网络直播营销行为规范》已实施，明确指出被禁止的具体内容有哪些？

3. 开播阶段主播需要掌握的技能有哪些？

4. 直播阶段主播需要掌握哪些技能和相关知识？

第三章

认识电商直播平台

在开始电商直播前，只有做好电商直播的准备工作，才能保证整个直播的顺畅，不出差错。本章主要介绍三大电商直播平台，以及平台规则、开通直播权限、直播间工具。

第一节 三大电商直播平台

电商直播平台指的是主播进行直播带货的网络平台，目前常见的电商直播平台有淘宝、抖音、快手、微博、拼多多、西瓜视频、虎牙直播等。本节主要介绍如表 3-1 所示的淘宝、抖音、快手三大电商直播平台。

表 3-1 三大电商直播平台

直播平台	淘　宝	抖　音	快　手
平台属性	电商	内容	社交+内容
流量来源	平台公域流量、外部流量	平台公域流量	偏私域流量、老铁文化
商品属性	淘宝体系内全部商品	美妆、服装、百货占比较高	食品、生活用品等
带货模式	商家直播、达人导购	热门直播带货、种草转化	达人直播、打榜等

一、淘宝平台

淘宝具有强电商属性，有丰富的商品品类。它可以依托自身流量和外部平台流量作为流量分发的基数，且用户以一二线城市为主，其他城市也有覆盖。淘宝通过建立直播入口，可以直接将货、人聚集在一个场景中，对品牌而言，是较为理想的线上销售场景。

在 2019 年淘宝“618”大促活动结束后，淘榜单联合淘宝直播发布了一篇名为《天猫 618 淘宝直播消费者画像》的文章。这篇文章显示，直播间的消费主力是“90 后”，“00 后”的消费能力也不可小觑。据统计，“90 后”和“00 后”用户在直播间里购买的主要商品类型的前 3 名是美容护肤、女装和彩妆香水，而“60 后”和“70 后”用户则更爱购买珠宝、翡翠等。从用户区域来看，直播消费人数排名靠前的是江苏、广东、浙江等沿海省份。虽然地域不同，但用户爱购买的商品大致相同，大多是女士护肤品、彩妆及女装。除一二线城市的用户外，三线及以下城市的小镇青年在直播间的购买力也很强，其中三线以下城市的直播成交量与一线城市几乎持平。通过数据可以分析出淘宝直播用户具有以下特点。

（1）以 25 ~ 35 岁的青年女性为主。

（2）停留时间较长、高复购率、高客单价。

（3）主要消费的商品为服饰、美妆、食品生鲜、家居百货等。

淘宝具有强电商属性，也意味着在该平台进行直播的品类十分丰富，这对小众品牌商家来说不具备优势。流量较为集中在头部商家和主播，在淘宝直播中内容制作和主播选择是提升流量的关键因素。

淘宝直播平台具有以下优势。

1. 即时性

淘宝直播的信息传达是面对面的，因此只要主播引导得当，直播期间获得的流量转化效果是非常好的。

2. 超强互动性

淘宝的主播相当于线下导购的角色，主播可以通过淘宝直播平台解答用户的各类问题。

3. 获取渠道多

可以通过计算机、智能手机、平板电脑等在线收看淘宝直播的内容。

4. 可回放

相较于其他电商直播平台，淘宝直播多一个可回放功能，未能及时观看直播的用户，后续依旧可以下单购买。

5. 直播品类多，受众广

在淘宝直播中商品种类多，既有服装饰品，又有家用百货等。因为商品种类多，各类用户都能购买到自己想要的商品，所以受众较广。如图 3-1 所示为淘宝直播界面。

图 3-1　淘宝直播界面

二、抖音直播平台

抖音的带货能力是有目共睹的，一大批“网红”商品在抖音的带动下，掀起了用户的购买热潮。伴随着 2018 年抖音购物车功能的正式开通和抖音购物联盟的强势推出，用户在抖音平台购物变得更为简单、便捷。

正是发现了抖音强大的变现能力，如今大量品牌商家纷纷在抖音这个巨大的流量池中开通了“电商”功能。抖音电商直播时代已经到来，通过电商变现正成为抖音流量变现的最好方式之一。

2020 年 2 月 11 日，抖音发起了“线上不打烊”活动。在抖音 3 亿流量的扶持下，不少线下商场、普通门店、销售人员纷纷加入抖音直播平台。

抖音的用户群体主要集中在一二线城市，用户文化程度多在大专学历以上，以女性偏多。并且抖音的内容设计及呈现方式更高端，专注城市品质生活。

自从 2017 年抖音开通直播功能，就出现了很多依靠抖音赚钱的人，很多人通过自己的精心运营获得了巨大的收益。在众多直播平台的竞争下，抖音直播并没有丧失其流量地位。这正是因为对很多商家或个人而言，抖音直播平台具有很大的带货优势。

抖音直播平台具有以下优势。

1. 投入成本低

商家或个人在抖音平台上直播带货的门槛较低，无须投入大量资金。只要其开通带货权限就可以在直播间里添加商品，这个功能和淘宝平台相同。用户只需要点击直播间里的购物袋，就可以查看主播带货的商品。

2. 流量大、长尾效应大

与传统的直播相比，抖音直播并没有采取某些运作方式，如支持主播依靠用户刷礼物来上榜的模式。因为这可能使主播和用户都很抵触，失去直播互动原本的意义。

抖音直播带货的模式是通过建立用户对主播魅力的认可来进行带货，因此抖音直播带货是在内容之上衍生出来的购物需求。既有商业化性质，也有社交化性质。这种模式对用户而言是一种相对对等的沟通方式，对利用抖音直播带货的商家而言，直播的长尾效应会更大。

3. 发展空间大

在抖音直播带货中，目前美妆这个类目商品吸引用户较多，其他类目商品对用户的吸引能力正在逐步提升。

目前，抖音直播平台刚搭建不久，还需要一段时间优化整个产品和运营体系。它不具备如阿里巴巴一样深厚的电商运营经验，所以优化的速度较慢。

2020 年 3 月，抖音的语音直播功能已经上线。主播可自行选择语音直播，无须另外申请直播权限。

抖音作为一个原生流量平台，不管是产品量级还是平台调性都非常好。“抖音直播+电商”的营销模式既给抖音达人们提供了一种全新的变现渠道，也给广大的抖音用户提供了一种全新的购物体验。如图 3-2 所示为抖音直播界面。

图 3-2 抖音直播界面

三、快手直播平台

依靠短视频发展起来的快手，在拥有了大量的用户后，又找到了新的发展方向——将互联网电商和互联网直播两个行业聚合到一起，通过不断优化逐渐走上了直播电商的道路。与淘宝、京东合作后的一年里，快手直播平台有接近 1 600 万个主播直播带货并从中获利。例如，某主播在快手直播时，同时在线人数突破 100 万，3 小时成交 5 000 万元，一天带货 1.6 亿元。

快手直播于 2017 年初上线，上线时间要稍早于淘宝直播。主要原因是快手对直播板块没有进行过多的上线测试，而是直接推出并帮助达人变现。在快手做直播带货的达人货卖得好的占少数，且大部分是在平台的扶持下火起来的。

在快手做直播流程较为简单，想做垂直内容的直播就要先养号，等用户达到 5 000 人就开直播，开通“快手小店”开始销售低客单价的产品，然后通过一些引流手段引导用户添加个人号进行转化。

快手大数据研究院在 2019 年发布了《2019 快手内容生态报告》，该报告显示截至 2019 年 6 月，快手的日活跃人数达到 2 亿，月活跃人数达到 4 亿。在这些活跃群体中，80%的用户来自三四线及以下城市，高中及以下学历的用户占多数。

快手的用户所在地以乡镇为主，以农村题材、乡镇生活题材等反映社会真实生活的内容居多。

快手直播平台具有以下优势。

1. “普惠式”算法

快手创建之初，其团队秉承“内容公平分发及让每一个普通人都能被看见”的初衷。许多快手达人反映在其他平台上建立自己的用户流量池时，都没有快手上那种“用户是自己的”的体验，获得有效沉淀和数据提升的机会较少。

这种现象的产生与快手的“普惠式”算法有关，这种算法给很多做电商的商家或个人提供了更大的流量与算法支持，不会让任何一场直播石沉大海。正是因为快手内容分发的算法逻辑和整体运营的思路，达人在快手直播平台上直播时才拥有了超强的带货能力。

2. 巨大的日活用户数量

《2019 快手内容生态报告》显示截至 2019 年 6 月，日活跃用户数量较 2017 年上涨了 1 亿。

用户最爱在快手平台上购买的产品类目为美妆、农副产品、男女服饰、健身用品等。商家或个人在快手平台上收益颇多，例如，2018 年丑苹果在快手平台上的销售额为 3 亿元，柿饼的销售额为 2.7 亿元，软籽石榴的销售额为 3.3 亿元。

由此可见，快手平台上巨大的日活用户数量可以为商家或个人提供流量支持，帮助这些商家或个人有效触达自己的目标用户。

3. “老铁经济”的内容信任

很多人将快手火爆的原因归结于“老铁经济”，之所以这样取名是因为很多人觉得快手平台上的主播像一位“老朋友”。虽然以前彼此不认识，但看其直播和视频就会觉得很亲切。

快手是一个能将陌生人转变为老朋友的直播平台，主播们基于“老铁经济”建立与用户间的信任关系，其带货的转化率自然会提升。

2018 年 6 月，快手联合淘宝和有赞推出“快手小店”和“电商服务市场”，这意味着快手平台上的每个主播都可以申请开通“快手小店”。店铺开通后商家可以直接将淘宝或有赞店铺中的产品放到“快手小店”里，然后通过发布视频或做直播引导用户购买。

2019 年 3 月，快手电商发布了《快手小店经营违规管理规则》《快手小店商品推广管理规则》《快手小店售后服务管理规则》《快手小店发货管理规则》等 4 项店铺运营规则，使快手电商市场秩序得到了规范。如图 3-3 所示为快手直播界面。

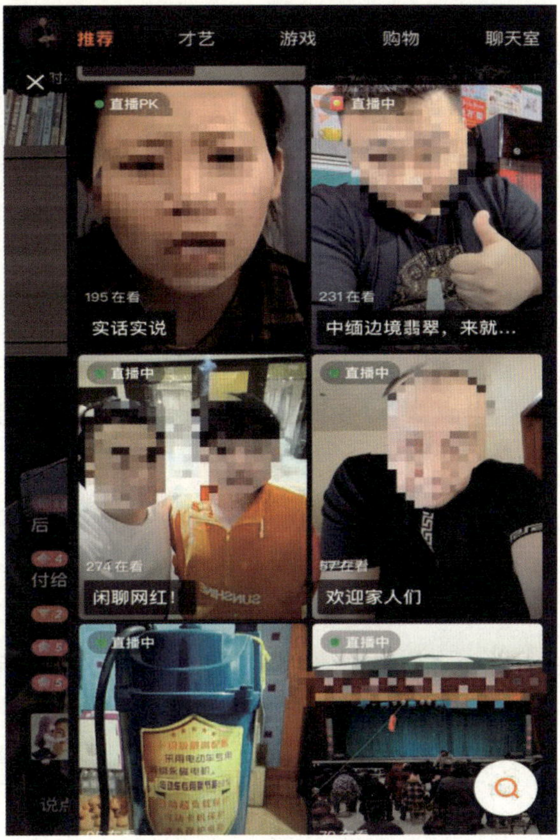

图 3-3　快手直播界面

第二节　直播平台规则

随着电商直播的迅速发展，电商直播平台如雨后春笋般涌现，在促进电商直播行业迅速发展的同时也带来了恶性竞争等不良影响。由于目前针对电商直播平台的相关法律法规尚不完善，所以各平台纷纷制定了自己的直播规则，本节主要学习直播平台规则。

一、通用性规则

1. 信息发布规则

（1）不得发布危害信息，包括但不限于敏感信息、淫秽色情信息。

（2）不得发布不实信息，包括但不限于捏造细节、夸大事实、不实宣传、虚假中奖信息、所推广商品信息与实际不一致。

（3）不得发布垃圾广告。

2. 主播规则

（1）着装得体，不得穿着过于暴露。

（2）言论严谨，不能发表违反国家法律法规的言论，不能爆粗口、说脏话。

（3）行为端正，严禁直播违法乱纪事件、严禁展示危险事件、严禁穿着过于暴露进行舞蹈、严禁表演高危舞种及低俗诱惑性舞蹈等。

3. 直播间环境

（1）严禁在敏感时期、敏感场景或反党反动的环境中进行直播。

（2）严禁在私密环境下进行直播表演。

（3）严禁在涉黄、涉赌场所进行直播表演。

除上述通用性规则外，各直播平台还依据自身的定位和特点制定了相应的平台操作细则，下面以淘宝直播、抖音、快手三大直播平台为例介绍。

二、淘宝直播平台规则

1. 直播内容要求

目前淘宝直播平台的内容创作管理主要针对 3 类违规内容，即推广假冒商品、严重违规和一般违规。需要注意的是，这 3 类违规内容独立扣分、分别累计、分别执行。

（1）推广假冒商品是指内容涉及推广假冒注册商标商品或盗版商品的行为。

（2）严重违规是指内容涉及除推广假冒商品外，其他严重破坏平台运营秩序或涉嫌违反国家法律法规规定的行为。

（3）一般违规是指除推广假冒商品和严重违规外的其他违规行为。

具体细则及惩罚可查看淘宝官网《淘宝平台规则总则》中的《内容创作者管理规则》。

内容发布前需要注意以下几点。

（1）确保稳定的 Wi-Fi 或 4G 网络。

（2）手机已下载并更新到最新版本的淘宝直播 APP 主播版。

（3）手机设定中允许 APP 试用麦克风。

（4）加配补光灯及防抖效果。

2. 直播封面图要求

淘宝直播封面图要求包含频道要求和手机淘宝首页要求两个部分。

（1）频道要求。

- 不得出现任何文字（客户端的贴纸除外）。
- 不得出现拼接图、边框图。
- 画面完整，主体突出，不可花哨且不可有细碎物体。
- 封面图中如有除主播外的人物，或使用明星名人图片，需要提前获取肖像权和版权。
- 图片为 750 毫米 × 750 毫米的正方形图。
- 发布预告视频时最好不要有水印，画面应整洁，突出重点。

（2）手机淘宝首页要求。

- 不得出现任何文字，包括拍照背景。
- 不得出现未授权的品牌 LOGO（徽标或商标）。
- 不得出现大面积黑色图。
- 图片为 16:9 的长方形图。
- 封面图内容尽量与频道封面图内容保持一致。
- 发布预告视频时封面图与直播间的主播形象要统一，且画面赏心悦目，视频内容、创意、展现形式有代表性。

（3）各类目封面图要求。

- 护肤美妆类封面图必须为主播人物高清图片，不宜只以商品作为封面图。可选择主播护肤或化妆后的半身或特写照片，要与直播标题涉及的妆容类型保持一致。例如，标题为“某明星仿妆”，其封面应为明星仿妆的照片。如图 3-4 所示为明星仿妆的照片。
- 潮流搭配类封面必须为主播高清图片，不能只以商品作为封面图。选择突出人物穿搭效果的全身照或特写照，体现商品的特色和细节，要与直播标题涉及的搭配类型保持一致。如图 3-5 所示为潮流搭配类封面。

图 3-4　明星仿妆的照片

图 3-5　潮流搭配类封面

- 母婴类封面必须为主播人物或母婴类商品的高清图片（须提醒未满 18 岁的未成年人进入直播间需要经过监护人同意），其中的人物穿着应避免过分暴露。宜选择充满童趣的照片，不能选择黑白照片，要与直播标题涉及的内容场景保持一致。如图 3-6 所示为母婴类直播封面。
- 美食类封面图必须为主播人物、主播与美食或美食的高清图片。如果采用美食图片，则要求图片上的食物完整呈现、色泽新鲜、摆放立体、造型有趣或美观。并且光线明亮，构图兼具艺术性和生活性，需要与直播标题所涉及的美食类型保持一致。如图 3-7 所示为美食类直播封面。
- 生活类封面图必须为主播人物、生活场景或相关商品的高清图片。如果采用生活场景的照片，则要求整体构图自然、凸显生活细节、体现视觉色彩层次、背景简洁干净，需与直播标题涉及的生活场景保持一致。

图 3-6　母婴类直播封面

图 3-7　美食类直播封面

三、抖音直播平台规则

为加强平台直播内容的管理，抖音制定了《抖音直播行为规范》(以下简称《规范》)对主播在直播中的行为进行规范，为给抖音用户提供一个绿色、健康、文明、积极向上的直播及互动环境。主播开展直播活动除应遵守相关法律法规、部门规章制度的规定及《“抖音短视频”用户服务协议》《抖音短视频直播主播签约协议》的约定外，还应当遵守《规范》及平台公布的其他相关规则，《规范》为《抖音短视频直播主播签约协议》组成部分。

1. 直播间封面的规范

(1) 需要保证封面的真实高清，不能选择模糊或与直播无关的封面。

(2) 比例为 1:1。

(3) 选择使用主播的真人头像更容易产生信任。

(4) 为了保证好看，足够吸引用户点进直播间，可选择美观的形象艺术照。

(5) 需要符合主播的人设和本场直播的定位。

2. 直播间标题的规范

(1) 不要放利益折扣信息 (如秒杀、#、清仓、工厂、批发、甩卖、倒闭、四季青、主播距离你 XX 米) 等关键词，这些关键词可以放到内容简介中。

(2) 切中粉丝工作生活中的最常见场景。

(3) 让粉丝有共鸣感，觉得你说的内容和他有关。即说的就是他自己，这样点击率会高。

(4) 文字干净整洁，不拖泥带水。

标题在原则上不可超过 10 个字，4 ~ 6 个字最佳。为吸引用户点进直播间，可使用以下几种方法。

（1）利益驱动法：进直播间免费抽奖。

（2）个性展示：和别人不一样。

（3）价值输出：突出价值观。

（4）直奔主题：吸引对产品感兴趣的用户。

（5）制造好奇：通过反问和留悬念给用户制造好奇。

四、快手直播平台规则

（1）用户在使用视频直播服务时，必须向快手平台提供准确的用户个人资料。如果用户提供资料不实，则快手平台有权拒绝提供视频直播服务。如果用户个人资料有任何变动，则必须及时更新并通知快手平台进行审核。如果因用户提供的个人资料不实而造成的任何损失，则由用户自己承担全部的责任和损失。

（2）用户不得将其账号、密码转让或出借给他人使用。如果因黑客行为或用户的保管疏忽导致账号、密码遭他人非法盗取、使用而遭受损失，则快手平台不承担任何责任。如果给快手平台造成伤害，则用户应给予快手平台一定的赔偿。

（3）用户同意快手平台有权在提供视频直播服务过程中以各种方式投放商业性广告、非商业性广告、其他任何类型的商业信息和非商业信息，用户需予以配合，且快手平台无须支付任何对价，但应尽量减小给用户造成的影响。

（4）用户在使用视频直播服务过程中有任何不当行为，如违反法律法规和快手平台的相关运营规则或侵犯第三方合法权益等行为，则由用户自行承担相应责任，快手平台无须承担任何责任。如因用户的行为而给快手平台带来损害的，则用户应给予快手平台一定的赔偿。

（5）用户不得使用直播功能发送或传播敏感信息和违反国家法律的信息，包括但不限于下列信息。

- 危害国家安全、泄露国家秘密、颠覆国家政权、破坏国家统一的。
- 损害国家荣誉和利益的。
- 煽动民族仇恨、民族歧视，破坏民族团结的。
- 破坏国家宗教政策，宣扬邪教和封建迷信的。
- 散布谣言，扰乱社会秩序，破坏社会稳定的。
- 散布淫秽、色情、赌博、暴力、凶杀、恐怖或教唆犯罪的。
- 侮辱或诽谤他人，侵害他人合法权益的。
- 含有法律、行政法规禁止的其他内容的。

用户在使用直播服务过程中，必须遵循以下原则。

- 遵守中国有关的法律和法规。
- 不得为任何非法目的而使用直播服务。
- 遵守所有与网络服务、直播服务有关的协议、规定和程序。
- 不得利用直播服务系统进行任何可能对互联网的正常运转造成不利影响的行为。
- 不得利用直播服务传输任何骚扰性、中伤他人、辱骂性、恐吓性、庸俗淫秽或其他任何非法的信息资料。

- 不得利用直播服务系统进行任何不利于快手平台的行为。

第三节 开通直播权限

直播权限是直播平台对于各类账号开通直播功能的具体要求和规范，开通直播权限是电商直播准备阶段的首要任务。本节主要介绍淘宝直播和抖音直播两个平台的开通直播权限要求。

一、开通淘宝直播权限

开通淘宝直播权限包括以下 4 种情况。

1. 商家直播权限开通条件

淘宝店铺信用等级在一钻或一钻以上（企业店铺不受该条件限制），卖家须符合《淘宝网营销活动规则》的要求。

2. 个人直播权限开通条件

（1）个人直播权限主要面向达人且未开店的个体开放。

（2）已经实名认证且注册成淘宝达人（必须年满 18 周岁，并且一个人仅能注册一个账号）。

（3）有较好的控场能力、表达能力，思维逻辑清晰。

（4）主播需要上传一个 1 分钟内的高质量出镜视频（不只是自我介绍，还要展现自己的带货能力）。

3. 机构直播权限开通条件

机构直播权限主要面向 MCN 机构（旗下有大量主播，且与其他直播平台有成功合作经验的经纪公司）、专业节目制作机构、直播服务商开放。

4. 其他身份直播权限开通条件。

其他身份直播权限主要面向明星、村播、基地（如服饰基地、农产品基地等）开放。

二、开通抖音直播权限

1. 开通抖音直播权限条件

（1）个人注册账号后，通过实名认证即可开通直播权限。如需开通购物橱窗，则需要粉丝数量超过 100 人且个人发布的视频作品超过 10 个。在计算机端用直播伴侣进行直播需要满足粉丝数量超过 1 000 人的条件，且该功能仅支持 Windows 系统，如图 3-8~

图 3-11 所示。

（2）企业用户可以登录抖音官网，在【企业合作】条目下选择【企业认证】选项，根据系统要求填写相关信息，完成认证后，企业账号即开通了直播功能。

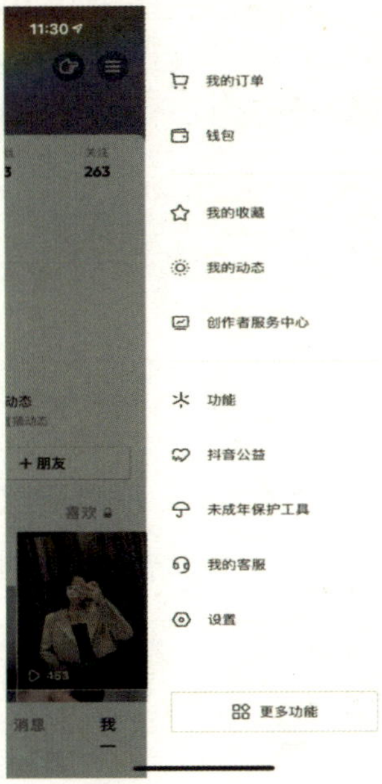

图 3-8　个人账号

图 3-9　个人用户设置

图 3-10　个人账号与安全

图 3-11　个人抖音官方认证

2. 抖音企业认证要求如下

（1）账号绑定的手机号可接通并持续使用。

（2）账号信息应符合企业身份，包括头像、用户名、签名等均不能以个人身份申请认证。

（3）申请企业认证需支付审核费用，一年有效期，认证账号需参加抖音直播平台年审。

以官方认证账号开展直播，能更好地经营自身品牌。用企业账号进行直播只需在打开抖音企业主页后，单击右上角的按钮，选择其中的“设置”选项。然后进入“企业服务中心”，在“变现能力”一栏中单击“开始直播”按钮即可，如图 3-12 ~ 图 3-15 所示。

图 3-12　企业账号设置

图 3-13　企业账号与安全

图 3-14　企业认证 1

图 3-15　企业认证 2

抖音企业认证需提供加盖企业公章的企业认证申请公函，如图 3-16 所示，资料填写如图 3-17 所示。

企业认证申请公函

1. 申请认证公司主体（简称申请人）<u>XXX 有限公司</u>（请填写公司全称）作为抖音平台（指标注名称为“抖音短视频”的客户端应用程序（含其简化版等其他版本）及其官方网站或网页，以及标注名称为“抖音火山版”的客户端应用程序（含其简化版等其他版本）及其官方网站或网页，以上两个平台合称“抖音平台”）不可撤销地申请抖音平台帐号（抖音帐号或抖音火山版帐号：XX 抖音号 ）认证服务。注：填写的帐号信息需与登陆的帐号信息保持一致。
2. 申请人同意：
   （1）在抖音平台帐号资质审核成功之后，申请人抖音平台帐号的使用权属于通过资质审核的申请主体，该抖音平台帐号自注册时其产生的一切权利义务均由该主体承担，该抖音平台帐号所获得的所有收益、权限均归认证后的主体享有，且所有运营活动都必须以该主体对外开展。
   （2）在抖音平台帐号资质审核成功之后，申请人有权以认证帐号名称和认证信息所公示的身份于帐号所在平台对外运营，并通过认证标识区别于其他非认证用户。
   （3）在抖音平台帐号认证后，为便于其他用户知悉认证主体信息，抖音平台有权公开认证主体所提供的全部或部分信息，该信息的公开不会涉及到认证主体的商业机密或秘密。
   （4）申请人如需使用认证权益，须登录抖音平台对应的客户端或抖音企业管理平台（链接：e.douyin.com）设置并使用。
   （5）如申请人使用被认证帐号开通商品分享功能（如抖音“橱窗功能”、抖音火山版“火山铺子功能”）、直播功能等平台单项服务的，应当同时同意、确认相关单项协议（包括但不限于主播开播协议、商品分享功能服务协议等），认可被认证帐号内的所有行为并对其承担责任。基于产品设置，开通该等单项服务时，平台可能要求运营人员或其他指定人员进行身份信息实名认证（以下将该等人员简称为“实名认证人”），但该等实名认证不影响申请人按照本款承担相应责任。申请人使用被认证账号开通直播功能单项服务的，若在直播过程中获得了其他用户的礼物打赏（如有，数据以抖音平台的数据为准），应依据抖音平台届时有效的提现规则提取礼物打赏分成收益，若由实名认证人提取的，提取后申请人自行依据其与实名认证人之间的约定进行礼物打赏分成收益的分配，收益分配过程中若产生任何争议、纠纷，由申请人与实名认证人自行解决，与抖音平台无涉。
3. 申请人承诺：提交给今日头条有限公司（简称“今日头条”）的认证资料真实无误，并不可撤销地授权今日头条及其委托的第三方审核机构对提交的资料进行甄别核实，申请人理解并同意，一经申请即产生今日头条及其委托的第三方审核机构的审核成本，故所交纳的认证审核服务费用将不因认证结果、申请人是否提出撤回申请等因素而退回。同时，抖音帐号内容维护及运营管理应遵守国家法律法规、政策及《抖音用户服务协议》、《抖音隐私政策》、《抖音火山版用户服务协议》、《抖音火山版隐私政策》、抖音平台及今日头条的规则、制度等相关规定。如违反上述承诺，责任自行承担。
4. 申请人指定的帐号运营人员在认证申请及抖音平台帐号维护及运营管理的过程中所实施的行为视为本申请人的行为，本申请人需为授权帐号运营人员所实施的行为承担相应的法律责任。本申请人指定的授权联系邮箱传递的信息均视为本申请人真实意思表示，今日头条向授权联系邮箱发送邮件的行为视为本申请人收到邮件。

申请人对以上认证申请信息表填写信息及申请公函内容确认无异议。

某某某科技有限公司

申请人加盖公章：

（企业需加盖公章，无公章个体户需经营者签字）

【　】年【　】月【　】日

图 3-16　抖音企业认证申请公函

图 3-17　资料填写

第四节　认识直播工具

好的直播工具能让观众更清晰明了地了解产品的各个维度，设备的性能直接影响直播的效果。对主播来说，借助科技手段来制作更好的内容能更好地吸引观众，提升直播间的关注度。新手主播在购买设备时，应本着实用、力所能及的原则购买符合直播的设备，以达到直播效果。本节主要介绍直播工具。

一、直播需要的硬件设备

选择得心应手的直播工具是主播开始直播的第一项工作，直播工具能让主播更好地展示自己。直播工具的选择直接决定直播的效果，直播效果是决定粉丝量的重要因素。

选择一款性能良好的摄像头很重要，目前主要使用的摄像头大致有高清摄像头和红外摄像头两种。高清摄像头是指 HD 1080P、HD 960P 或 HD 720P 的摄像头，HD1080P 为全高清摄像头。高清摄像头通过光谱矫正能力能够更好地避免图像虚化，将主播和产品更加真实地呈现，但是过于高清的成像会把主播欠佳的状态呈现得更清楚。可以考虑红外摄像头，它能够自动补光、磨皮，以提升主播的整体气质。如图 3-18 所示为罗技 920

摄像头。

主播常用的直播设备是手机，在选择高清摄像头时需要考虑手机的品牌和型号。摄像头的主要参数 FPS（Frames Per Second，帧率）一般不低于 30 就可以保证视频流畅，不出现卡顿。摄像头分辨率应达到 1 920 × 1 080 像素，也就是 200 万像素，以保证视频的清晰度，摄像头视角一般在 70° 以上。如图 3-19 所示为直播手机。

图 3-18 罗技 920 摄像头

图 3-19 直播手机

在日常生活中收音设备并不少见，摄像头或手机上均内置麦克风，但收音效果一般，容易收入杂音，影响直播效果。常见的收音设备有动圈麦克风和电容麦克风，动圈麦克风是利用声波来推动振膜，振膜带动线圈，利用磁力线的改变产生微弱的电压，在音质方面，动圈麦克风能够满足背景声较大的室外直播；电容麦克风是利用电容大小的变化，将声音信号转化为电信号，这种麦克风最为普遍，常见的录音机内置麦克风就是这种，因为它相对较便宜，体积小巧，而且效果好，所以一般的电容麦克风就可以满足日常直播的需求。对于新手主播来说，可直接选择手机内置麦克风进行直播。如图 3-20 所示为直播麦克风。

只有具备网络，主播才能在直播间和粉丝面对面交流，稳定的网络环境是直播必不可少的条件。对于众多的网络宽带服务，该如何选择呢？为确保直播不卡顿，需要选择上行速度 4 兆及以上的宽带，具体可根据当地的网络供应商情况进行选择。不管选择哪家供应商，最好采用独享宽带，避免使用共享宽带。如图 3-21 所示为无线路由器。

图 3-20 直播麦克风

图 3-21 无线路由器

很多主播发现即便购买了较好的麦克风，在直播时仍然会出现喷麦、爆麦、齿音等问题。特别是选用了电容麦克风的主播，由于麦克风的灵敏度较高，所以喷麦、爆麦的问题更容易出现。使用防喷罩能够有效地解决这些问题。如图 3-22 所示为防喷罩。

在直播过程中主播需要灵活地展示产品，为了确保麦克风的收音效果，最好使用支架辅助。麦克风支架分为桌面式、悬臂式和落地式 3 种。相对于桌面和落地式支架，悬臂式的麦克风支架使用更方便，但安装相对复杂。安装可分为 3 个步骤，按照底座标准件组装、支臂与底座连接、底座与桌面固定的顺序依次进行。如图 3-23 所示为麦克风支架。

图 3-22　防喷罩

图 3-23　麦克风支架

直播时主播需要实时监听自己说话的效果，并进行适当地调整。目前大部分直播都处于较为狭窄的空间里，如果使用监听音箱，则容易扰民。由于监听不方便，所以选择一个优质的监听耳机就十分重要。

监听耳机分为半封闭、全封闭和入耳式 3 种。购买时需注意耳机信号线的长度，为了便于直播，建议购买信号线长度在 1.2 米以上的耳机。监听耳机的价格从几十元到上千元不等，主播可根据自身的预算购买。如图 3-24 所示为监听耳机。

在直播过程中，选择合适的灯也至关重要，以下是直播中经常用的几种类型的灯。

（1）LED 可调节灯：散身度高、补光面积大、光线柔和，而且可以调节亮度和色温。灯的亮度有很多种，直播时多使用 125 瓦的 LED 可调节灯，如图 3-25 所示。

图 3-24　监听耳机

图 3-25　LED 可调节灯

（2）环形灯：一般适配于大多数数码相机和手机，适用于特写人像和产品。将拍摄设备放置在灯圈的正中央可以让照片曝光均匀，减少阴影，如图 3-26 所示。

（3）射灯：作为补光使用，在直播时一般会将射灯对准主播台、地面及背景布等投射位置。通过不同层次和重点的灯光，提升直播空间的立体感和直播中需要重点关注的人脸、产品等要素，如图 3-27 所示。

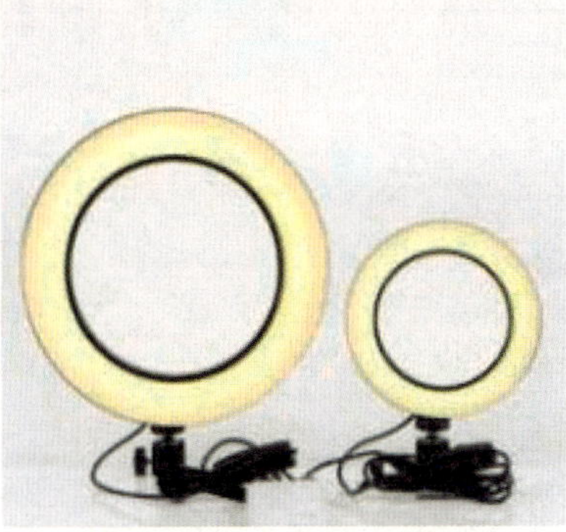

图 3-26　环形灯

图 3-27　射灯

练 习 题 三

单选题

1. 快手直播产生于哪一年？（　　）

　A. 2016 年　　B. 2015 年　　C. 2017 年　　D. 2013 年

2. 抖音直播间的标题原则上不可以超过多少个字？（　　）

　A. 10 个　　B. 3 个　　C. 12 个　　D. 8 个

3. 淘宝直播平台上一个人能开通几个淘宝达人账号？（　　）

　A. 2 个　　B. 1 个　　C. 3 个　　D. 5 个

多选题

1. 淘宝直播平台的优势有哪些？（　　）

　A. 即时性　　B. 超强互动性

　C. “普惠式”算法　　D. 可回放

2. 直播需要哪些硬件设备？（　　）

　A. 摄像头　　B. 声卡　　C. 手机　　D. 服饰

3. 麦克风支架有哪些种类？（　　）

　A. 手持式　　B. 桌面式　　C. 悬臂式　　D. 落地式

问答题

1. 直播平台的通用性规则有哪些？

2. 射灯有什么作用？

3. 抖音直播开通权限认证有哪些要求？

4. 手机淘宝首页的要求有哪些？

第四章

直播账号的设定

对互联网而言，流量就等于现金。因此，如何抓住稍纵即逝的流量风口，如何实现高效、快捷地引流，就成为电商平台入驻商户和个人最关心的事。一个优质的主播、一个优质的直播间，离不开个人 IP 的打造及账号装修。本章主要介绍账号人设打造及账号装修、账号内容定位和账号限流敏感操作的规避等。

第一节 账号人设打造及账号装修

为提升粉丝用户的黏度，主播需要有针对性地进行个人定位及设计个人主页，本节主要介绍账号人设打造及账号装修。

一、个人 IP

IP 是 Intellectual Property 的缩写，原义为知识产权，在电商直播行业可以指一个符号、一种价值观、一个共同特征的群体、一些自带流量的内容等。

二、打造个人 IP 的 3 个阶段

打造个人 IP 并不是一蹴而就的，一般需要经历以下 3 个阶段。

1. 摸索试错阶段

刚开始打造个人 IP，必定会经历不断地摸索试错，效果不会一蹴而就，用户对刚出现的个人 IP 的认知需要时间来慢慢培育。

2. 成功拐点阶段

当坚持一段时间后就会出现拐点，会有用户主动评论、点赞并转发。

3. 个人 IP 能量累积阶段

用户对主播的信任度越来越高，黏性越来越强。

三、打造个人 IP 遇到的问题

打造个人 IP 经常会遇到以下问题。

1. 身份标签多，没有主次，难以被识记

主播从业人员经常把所有的身份标签都列出来，这其实是不合适的，这样用户很难记住主播。主播的身份标签需要分清主次，只写重要、易被记住的标签。

2. 服务的人群太广，精力分散

很多主播服务的人群太广，由于精力有限，所以需要做的是用户人群定位，只有聚焦一件事才能达成目标。

3. 认识到需要打造个人 IP，但找不到方向

在打造个人 IP 前，问清楚自己在过去的职场或生活中有哪些成就或优点，可以用已经做成的事影响那些想改变的人。如果不确定，可以从能力、兴趣、趋势 3 个维度进行分析，即你能做什么、你想做什么、什么值得做。

四、账号装修

一个定位清晰、信息详实、设计精美的个人主页通常可以吸引更多粉丝。

1. 账号头像设计

用户对账号的第一印象来源于头像，其次是置顶的视频及近期热门视频形成的封面。这些内容构成了主页的整体形象，它直接决定了用户是否会关注该账号。需要注意的是，新开账号不宜在个人主页显示过多的营销性信息。

一个能够即刻引起粉丝好感并转化为关注的账号，首先需要对头像进行设计，头像的尺寸一般为 4.23 厘米 × 4.23 厘米。如果想要打造一个宠物账号，那么头像可以选择可爱的萌宠照片，其他领域则建议真人出镜。需要注意的是不管是哪种照片，都需要和账号内容相关。如图 4-1 所示为账号头像设计案例。

2. 账号名称、个人简介

账号的名称可以是别人称呼你的昵称，可以是概括账号内容的名字，还可以是公司的名字、产品的名字。需要注意的是，个人简介不是简历，不宜写得过长，不用写感谢平台

等内容。可以在个人简介处放置微信号，把公域流量转化为私域流量，但并不是每个账号都可以放置微信号。如图 4-2 所示为账号名称、个人简介示意。

图 4-1　账号头像设计案例

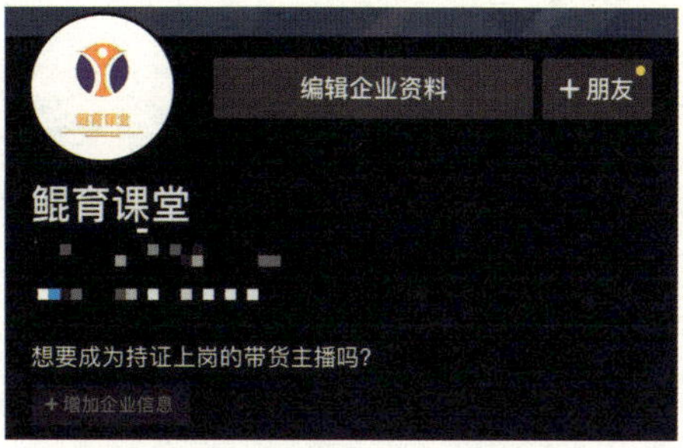

图 4-2　账号名称、个人简介示意

2. 微信昵称设置

用户一般会从短视频平台添加主播微信，微信的昵称设置很重要，昵称应简单易记、朗朗上口。如果该微信主要用作个人品牌打造，建议采用 IP 姓名+IP 定位的方式设置昵称。

4. 微信头像设置

微信头像是给微信好友的第一印象，是一种展示自己的视觉语言，所以头像的设置特别重要。微信头像应使用大气、阳光积极、正能量的图片，可以使用自己的职业照作为头像，以方便好友识别身份。不建议使用风景照，暴力、丑恶的照片作为头像。试想一下，谁愿意跟一个形象不明确，或者形象很糟糕的好友谈合作或在他那里下单呢?

5. 朋友圈个性签名设置

个性签名是包装形象、强化符号的一个重要渠道，在添加好友时，用户首先可以看到你的个性签名。如果你的个性签名能凸显你的身份价值和能力，用户就更愿意相信你。

6. 朋友圈封面设置

朋友圈封面的设置需要格外注意，建议把自己能提供的资源设计成一个封面。这样一来，好友就能快速了解你所拥有的资源，方便后续资源合作对接。

第二节　账号内容定位

无论是做短视频还是做直播，第一步都需要对账号内容进行定位。想清楚要做什么?能在账号上发布什么?通过确定账号标签、账号人设、账号目标用户群体，围绕这些内容制作视频发布或直播，以吸引用户关注。本节主要介绍账号内容定位。

如果内容五花八门、定位不垂直，则很难有用户长期关注。并且黏性较差，用户忠诚度不高，所以账号内容一定要根据用户需求来创作。

一、账号内容定位前要想清楚的问题

（1）你是谁？

（2）你要给用户看什么内容？

（3）你和别人做的内容有什么不同？

（4）用户为什么要看你？

（5）这样做有自己的优势吗？

二、为什么要在第一步做好账号内容定位

1. 给用户明确的第一印象

账号内容定位能让用户在第一时间快速地了解到你是谁、你是做什么的。

2. 通过差异化突围

差异化突围有两个方面：一个是让平台认识到你的差异化，另一个是让用户认识到你的差异化。差异化给了用户关注你的一个理由。

3. 明确内容生产和变现的方向

只有结合用户的需求、自己的内容生产能力、变现的方式做好账号内容定位，才能保持后续内容的持续产出，保证账号的长期运营。

4. 迎合平台的喜好，持续获得流量扶持

互联网平台都喜欢在特定领域持续输出垂直内容的账号，就像各种达人账号，这样的账号和内容对平台来说更有价值。只有符合这点，平台才会不断地给予流量支持。账号内容定位越精准、越垂直，粉丝越精准，变现越轻松，获得的精准流量就越多。

三、账号内容定位的方法

1. 对行业数据进行分析

进入一个行业，首先要了解本行业有哪些人做得好，他们是怎么做的，通过专业的行业数据分析，不仅可以了解该行业的最新消息及做法，发现用户喜欢的方向和内容，还可以学习到同行的优点。在进行平台行业数据分析时，可以使用一些第三方的小工具来获取数据。

2. 对自身条件和能力进行分析

做账号不能一味地学习模仿，一方面要从平台、用户的角度出发，另一方面要从自己出发，看自己能做什么、擅长做什么，这样才能保证内容的质量和持续产出。

3. 对同类型视频的特色进行分析

分析同类型视频，不能只靠个人感觉，需要从多个方面进行拆解分析，如选题方向、脚本结构、拍摄手法、视频剪辑包装、视频标题和留言区互动等。对同类型视频的分析，

一方面是学习，另一方面是从中找到差异化的点，从而进行超越。

4. 定位公式

账号内容定位还可以参考定位公式：账号=表现形式+表现领域。从表现形式和表现领域这两个方面逐级筛选、组合出适合自己且擅长的领域和方向进行定位。

第三节　规避账号限流敏感操作

限流是指限制数据流量的速率，具体表现为视频或直播的推荐率下降，情节较为严重的甚至在平台无法搜索到该账号及相关内容，限流会严重打击主播人或企业的发展，因此要学会规避敏感操作，这是本节要重点学习的内容。

一、淘宝直播平台易被限流的 4 种敏感操作

1. 标签混乱

在账号运营的过程中，需要对店铺售卖的商品价格、类目等进行规范标签，如操作不当，容易造成平台无法对流量进行分配，从而导致限流。

2. 刷假数据

在账号运营的过程中，大量刷取观看量、点赞量，一旦被平台判定为违规行为，账号就会被限流，甚至被封号。

3. 停播时间过长

如果主播停播两周以上，就会被平台认定为不活跃账号，进而被减少流量分配。

4. 发布违规内容

账号发布的内容违反平台规定，或者直播过程中出现敏感词汇等，都会被平台限流，甚至被封号。

二、抖音直播平台易被限流的 9 种敏感操作

1. 刷取播放量

在账号运营的过程中，如果出现大量的视频未完整播放的情况，则可能会被平台认定为刷取播放量，从而被限流。

2. 大规模连赞、评论和转发

在账号运营的过程中，如果短期内出现大规模的视频连赞、评论和转发的情况，就会被平台认定为异常操作。

3. 大量无意义的评论

没有意义的评论，如一连串的数字、表情过多的评论，会被平台认定为异常操作。

4. 大量关注或取关

一些主播、企业在前期为了账户精准推荐，关注了一大批同类型的账号，等自己的账号运营到有了一定知名度后，大量进行取关，这样会被平台认定为异常操作。

5. 大量互粉、互赞

与大量不同类型的账号进行互粉、互赞，会被平台认定为异常操作。

6. 登录地址持续切换

经常切换登录地址会被平台认定为采取不当手段获取同城流量，建议一部手机登录一个账号。

7. 发布营销性内容

在抖音短视频中，不能出现任何广告性质的商品价格或其他平台的联系方式。

8. 频繁修改账号信息

在修改账号信息时，需要经过一定的审核，如出现违规情况，要及时停止修改。

9. 删除重发视频

随意删除重发视频会被平台认定为不规范操作。

三、快手直播平台易被限流的 4 种敏感操作

1. 账号带有广告营销词汇

账号带有广告营销词汇易被限流，需要修改成正常的昵称、头像。

2. 违规操作

大量刷赞、买粉、互赞，搬运他人创作的视频，一部手机连续切换多个账号，都容易被限流。应做到一部手机登录一个账号。

3. 作品内容不垂直

作品内容不垂直，每天发布的视频内容不统一，会被限流。因此需要明确定位，确定想要做的账号类型。

4. 发布违规视频

如果账号发布过带有敏感词汇的违规视频，一旦被平台监测出来，就会被限流。

练习题四

单选题

1. IP 的原义是什么？（　　）
   A. 一个符号　　B. 一种价值观
   C. 知识产权　　D. 一些自带流量的内容
2. 用户对于账号的第一印象来源于（　　）。
   A. 头像　　B. 封面
   C. 指定视频　　D. 个人简介
3. 账号的头像尺寸为（　　）。
   A. 200 厘米×200 毫米　　B. 150 厘米×150 毫米
   C. 300 厘米×300 毫米　　D. 4.23 厘米×4.23 厘米

多选题

1. 抖音平台易被限流的敏感操作有哪些？（　　）
   A. 大规模连点赞、评论和转发
   B. 大量无意义的评论
   C. 停播时间过长
   D. 大量互粉、互赞
2. 打造个人 IP 时会遇到哪些问题？（　　）
   A. 身份标签多，没有主次，难以被识记
   B. 主播轻易放弃
   C. 服务的人群太广，精力分散
   D. 认识到需要打造个人 IP，但找不到方向
3. 账号定位的方法有哪些？（　　）
   A. 对行业数据进行分析
   B. 对自身条件和能力进行分析
   C. 对同类型视频的特色进行分析
   D. 定位公式

问答题

1. 个人 IP 打造的 3 个阶段是什么？

2. 账号内容定位之前需要想清楚哪些问题?

3. 快手直播平台易被限流的 4 种敏感操作是什么?

4. 为什么要在第一步做好账号内容定位?

第五章

短视频内容策划及拍摄制作

短视频即短片视频，是指在各种新媒体平台上播放的视频内容，时长从几秒到几分钟不等。数据显示，在直播前进行短视频预告能为直播带来更多的流量和人气。因此主播具备一定的短视频制作能力非常重要。本章主要介绍短视频的内容策划及拍摄制作。

第一节 短视频的内容策划

视频剪辑软件是对视频源进行非线性编辑的软件，属于多媒体制作软件范畴。它通过对加入的图片、背景音乐、特效、场景等素材与原视频进行混合，对视频源进行切割、合并，通过二次编码，生成具有不同表现力的新视频。下面主要对短视频剪辑软件进行介绍。

视频剪辑软件实现对视频的剪辑，主要有两种方式：一种是通过转换实现，在多媒体领域也称之为剪辑转换；另一种是直接剪辑，不进行转换。

目前常用的视频剪辑软件有计算机端的 PR 和手机端的剪映。

1. PR 软件

PR 是一款专业功能性很强的视频剪辑软件，被广泛用于影视后期剪辑、广告剪辑等。

2. 剪映软件

剪映是抖音的官方剪辑软件，具有流量扶持功能。该软件操作简单，资源容易上传，但存在大文件剪辑困难、没有太多的专业技巧等不足。如图 5-1 所示为剪辑软件的剪辑流程。

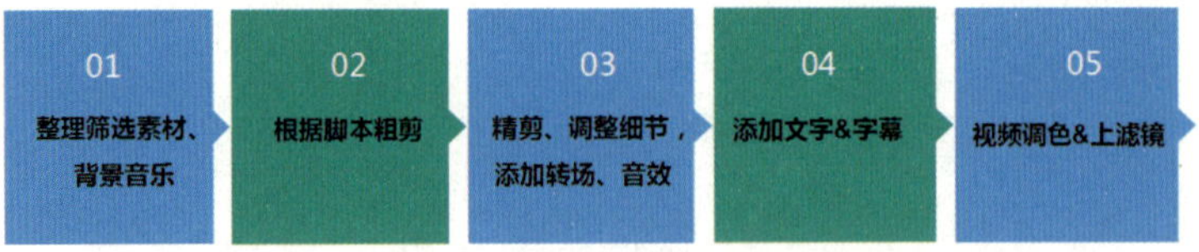

图 5-1　剪辑软件的剪辑流程

在制作短视频的前期，需要充分了解什么是剧本及脚本。下面主要介绍短视频内容文案的策划。

1. 剧本

剧本是一种文学形式，是戏剧艺术创作的文本基础。写剧本的目的是用文字表达一连串的画面，让看剧本的人见到文字就能实时联想到画面。如图 5-2 所示为某剧本的格式。

时间：
人物：
地点：
A. ×××
B. ×××
C. ×××
一、傍晚，外景
在车水马龙的街道旁
二、A 家门口，晚，内景
A. 今天加班了，路上还堵车。
B. 饭在桌上，赶快放下东西去吃饭吧。
A. （笑）嘿嘿，辛苦啦。

图 5-2　某剧本的格式

2. 脚本

脚本是指表演戏剧、拍摄电影等所依据的底本，或者书稿的底本。脚本可以说是故事的发展大纲，用以确定故事的发展方向，故事发生在什么地点，什么时间，有哪些角色，角色的对白、动作、情绪的变化等。

创作视频时，若没有脚本，则往往会想到哪里就拍到哪里，盲目地拍摄会造成时间浪费和素材混乱，无法保证视频的质量。因此，需要在视频创作前准备好剧本。

3. 景别

景别是指由于摄影机与被摄体的距离不同而造成被摄体在摄影机录像器中所呈现出的范围大小的区别。

景别由近至远可分为特写、近景、中景、全景和远景 5 种，不同景别的区分示意图如图 5-3 所示。

在电影中，导演和摄影师利用复杂多变的场面调度和镜头调度，交替地使用各种景别，可以使影片剧情的叙述、人物思想感情的表达、人物关系的处理更具表现力，从而增强影片的艺术感染力。

（1）特写：画面的下边框在人物肩部以上的头像，或者其他被摄对象的局部画面称为“特写镜头”。在特写镜头中被摄对象充满画面，贴近观众。特写镜头能够提示信息、营造悬念，可以细微地表现人物面部表情，表现复杂的人物关系，具有生活中不常见的特殊的视觉感受，主要用来描绘人物的内心活动。特写镜头中的背景处于次要地位。

图 5-3　不同景别的区分示意图

（2）近景：拍摄人物胸部以上，或者物体的局部画面称为近景。近景的屏幕形象是近距离观察人物，所以能清楚地看清人物的细微动作，是人物之间进行感情交流的景别。近景着重表现人物的面部表情，传达人物的内心世界，是刻画人物性格最有力的景别。

（3）中景：画框下边卡在膝盖上下部位，或者场景局部的画面称为中景。中景与全景相比，包容景物的范围有所缩小，环境处于次要地位，重点在于表现人物的上身动作，中景画面为叙事性的景别。

（4）全景：拍摄人物的全身和周围背景称为全景。全景能够表现出人所在的环境，在电影中多用于表现人与物之间、人与环境之间的关系。全景画面主要表现人物全身、体型、衣着打扮等，能够将人物的身份交代清楚。全景是拍摄一场戏的总角度，它制约一场戏中所有分切镜头的光线、影调、色调，以及被摄对象的方向和位置。

（5）远景：远景一般用来表现远离摄影机的环境全貌，展示人物及其周围广阔的空间环境，视野宽广，能包容广大的空间，人物较小，背景占主要地位，画面给人以整体感。远景通常用于介绍环境，抒发情感，如图 5-4 所示。

图 5-4　远景

不同画面组接称为“蒙太奇”组接，即把一个个镜头按一定规律接按起来表达一定的意义。

“蒙太奇”组接主要有以下 4 种类型。

（1）后退式：特写→近景→中景→全景，把观众视线由细部引向整体。

（2）前进式：全景→中景→近景、特写，把观众视线由整体引向细部，突出细部的视觉。

（3）循环式：全景→中景→近景→特写→近景→中景→全景。

（4）跳跃式：特写→全景，或者全景→特写，这种类型给人以强烈刺激，引起人们的高度注意。

4. 拍摄角度与拍摄方向

拍摄角度与拍摄方向包括正面、侧面、背面、俯拍、仰拍、平视等。

（1）正面拍摄：镜头光轴与对象视平线（或中心点）一致，构成正面拍摄。正面拍摄的优点是画面端庄，构图具有对称美，一般用来拍摄气势宏伟的建筑物，给人以正面全貌的印象。正面拍摄人物时，能够真实地反映人物的正面形象，其不足是立体感差，因此需要借助场面调度增加画面的纵深感。

（2）侧面拍摄：从与对象视平线成直角的方向拍摄叫侧面拍摄，简称侧拍。侧拍分为左侧和右侧两种。侧拍可以勾勒对象的侧面轮廓。

（3）背面拍摄：从被摄对象背面进行拍摄，拍摄人物时可营造出神秘感。

（4）俯拍：由高处向下拍摄，给人以低头俯视的感觉。俯拍镜头视野开阔，常用来表现宏大的场景，还可以展现人物弱小的地位等。

（5）仰拍：从低处向上拍摄。仰拍适于拍摄高处的景物，能够突出景物的高大雄伟。仰拍人物时可以表达其伟大的形象。

（6）平视：摄影机与被摄对象处于同一水平线的一种拍摄角度。

5. 视点镜头

视点镜头分为客观镜头、主观镜头和空镜头 3 种。

（1）客观镜头：又称中立镜头，是电视节目中最为常见的一种拍摄镜头。它不是以“剧中人”的眼光来表现景物，而是直接模拟摄影师或观众的眼睛，从旁观者的角度、纯粹客观地描述人物活动和情节发展的镜头。它将事物尽量客观地展现给观众，类似于一种平行角度，其语言功能在于交代、陈述和客观记叙。

（2）主观镜头：表示影片中角色观点的镜头。当角色扫视一个场面，或者在一个场面中走动时，摄影机代表角色的双眼，显示角色所看到的景象。

（3）空镜头：空镜头拍摄的画面中未出现拍摄主体，常用于介绍环境背景、交代时间空间、抒发人物情感、推进故事情节、表达作者态度，具有说明、暗示、象征、隐喻等功能。它在影片中能够产生借物喻情、见景生情、情景交融、渲染意境、烘托气氛、引起联想等艺术效果，在银幕的时空转换和调节影片节奏方面有独特作用。

第二节　短视频拍摄角度及拍摄手法

直播从业人员除需要了解直播的知识外，还需要学习短视频制作相关的内容。本节主要介绍短视频拍摄角度及拍摄手法。

一、基本的拍摄手法

基本的拍摄手法有推、拉、摇、移 4 种。

1. 推

摄像机镜头与画面逐渐靠近，画面外框逐渐缩小，画面内的景物逐渐放大，使观众的视线从整体看到某一局部。这种推镜头可以引导观众更深刻地感受角色的内心活动，作用如下。

（1）突出主体人物。

（2）突出细节。

（3）通过推进速度调整画面节奏。

2. 拉

与推镜头相反，所展示的环境越来越大，摄影机逐渐远离被摄主体。画面从一个局部逐渐扩展，使观众视点后移，看到局部和整体之间的联系。

3. 摇

摄像机机位不动，借助于三脚架上的活动底盘或拍摄者自身作为支点变动摄像机光学镜头轴线的拍摄方法，其作用如下。

（1）介绍环境。

（2）从一个被摄主体转向另一个被摄主体。

（3）表现人物的运动。

（4）代表剧中人物的主观视线。

4. 移

指将摄像机安放在移动的运载工具上，在水平方向上按一定运动轨迹进行的运动拍摄。

二、剪辑手法

剪辑手法主要包括以下 5 种方式。

（1）硬切式组接：又称无技巧组接。在镜头与镜头组接时，无须使用任何特技，在转场时无须用空镜头来过渡，长镜头逐渐减少，短镜头逐渐增加，视频节奏、信息量得到强化和浓缩。

（2）对比式组接：将画面内容截然相反的镜头组接在一起，以造成一种强烈的对比。
（3）比喻式组接：将前后不同形象组接在一起，起到暗喻的作用。
（4）平行式组接：把发生在同一时间的同类事件的镜头组接在一起。
（5）空镜头过渡：利用空镜头衔接两个画面，以表现时间和空间的变化。

三、分镜头脚本

分镜头脚本是将文字转换成可以用镜头直接表现的画面，包括画面内容、景别、运镜、时间、机位、音效等。

四、素材拍摄

1. 拍摄短视频前要准备的设备

（1）硬件设备：单反相机、手机等。
（2）辅助设备：三脚架、稳定器、录音笔、小蜜蜂、灯光（补光灯、灯棒）等。

2. 拍摄时要注意的事项

（1）横屏拍景，竖屏拍人。
（2）拍摄时需要调整手机画质，最好使用原相机拍摄。
（3）拍摄后应采用不压缩的方式传输，可以使用 QQ 传输。

3. 根据分镜头脚本中的不同景别、拍摄方向、拍摄手法来进行素材拍摄

第三节 短视频剪辑技巧

当短视频拍摄出来后，如何通过剪辑使视频内容更丰富、更吸引人是本节学习的内容。

一、剪映短视频制作转场特效操作

1. 转场

在使用手机剪映软件剪辑视频时，有时需要处理多段视频，这时可以在两个视频之间加入转场效果。例如，要从 A 到 B，可以增加由大到小、由模糊到清晰等效果，这就是转场。

2. 特效

特效指特殊的效果，通常是指由计算机软件或手机软件制作出的现实中一般不会出现的特殊效果。在剪映中有 6 大类内置特效，合计 91 种特效供用户选择使用。如图 5-6 所

示为剪映特效示意图。

图 5-6　剪映特效示意图

具体操作如下。

（1）打开剪映，新建一个项目，单击“开始创作”按钮，如图 5-7 所示。

（2）进入视频的编辑界面，选择需要剪辑的素材并单击“添加”按钮。此处选择了两个视频片段，如图 5-8 所示。

图 5-7　单击“开始创作”按钮

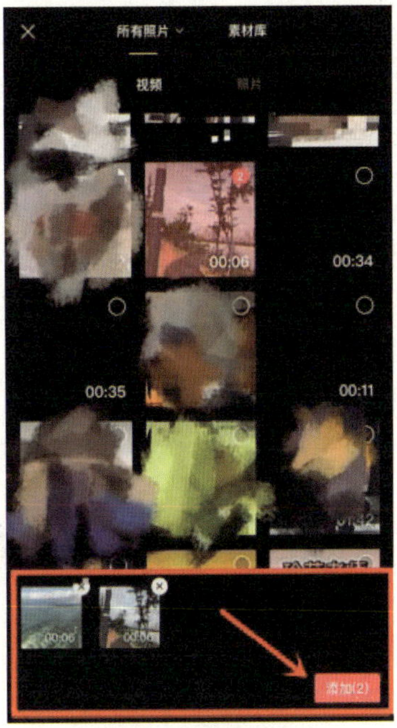

图 5-8　添加视频

（3）选择好两段视频后，找到两段视频之间的小白框，双击小白框后，底部会出现“转场”选项，选择“闪黑”效果，然后选择右下角的“对号”选项，如图 5-9 所示。这样转场就设置好了。

（4）设置特效。特效可以用在任意一个节点上，向左或向右拖动时间轴，选择位置后，选择底部的“特效”功能即可，如图 5-10 所示。

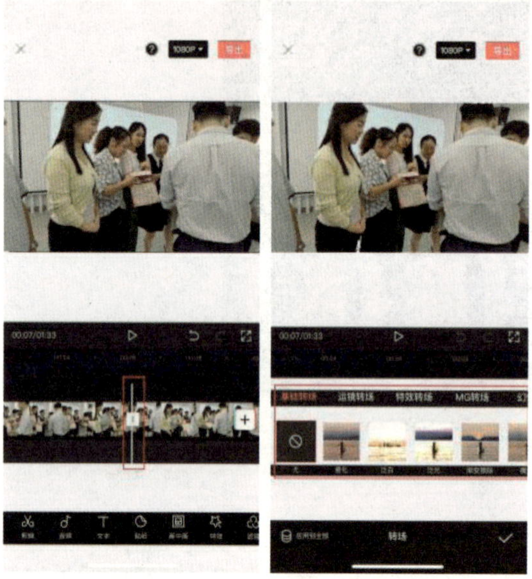

图 5-9　选择“转场”效果

图 5-10　设置特效

二、添加背景音乐特效

添加背景音乐既可以选择剪映中内置的音乐，也可以导入自己喜欢的音乐。导入音乐时并不局限于手机中已经存在的本地音乐，还可以把音乐的链接（音频或视频链接）复制到软件中来提取，或者直接提取本地视频中的音乐。如图 5-11 所示为添加背景音乐的操作步骤。

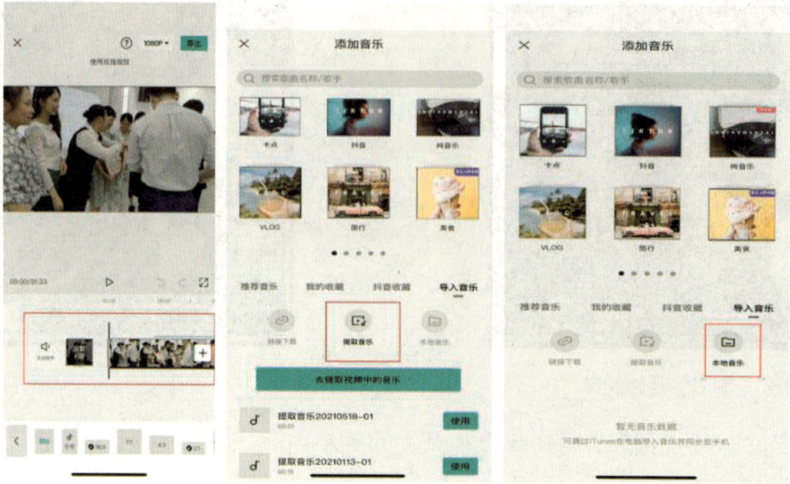

图 5-11　添加背景音乐的操作步骤

剪映提供了 138 个音效，可根据不同视频的内容需要添加不同的音效，如图 5-12 所示。

图 5-12　音效

三、添加旁白、字幕特效

在剪映中，可以轻松地为视频添加旁白，用户只需要选择音频区域就能添加录音。录音时视频会根据录音时间变化，方便用户根据视频内容进行讲解、描述。

剪映带有添加字幕功能，并提供了 16 种字体，用户可以轻松地为视频加上字幕；剪映还具有字幕识别功能，可以自动识别视频中的语音并将其转换为字幕。

如果不想手动输入字幕，可以自动识别视频中的声音。但是准确率没有手动高，有些语音无法识别。自动识别后的字幕样式调整方法和手动输入相同，单击字幕条即可进行操作。如图 5-13 和图 5-14 所示分别为剪映添加旁白、字幕操作示意图。

图 5-13　剪映添加旁白操作示意图

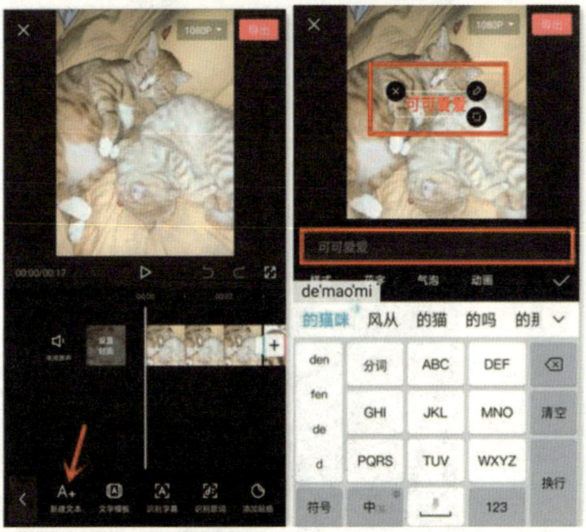

图 5-14　剪映添加字幕操作示意图

四、设置滤镜、尺寸、导出

剪映中内置了 7 类 34 种风格的滤镜，可以满足大多数视频场景下的使用需求。如果认为滤镜太过浓烈，则可以通过进度条进行调节。滤镜如图 5-15 所示。

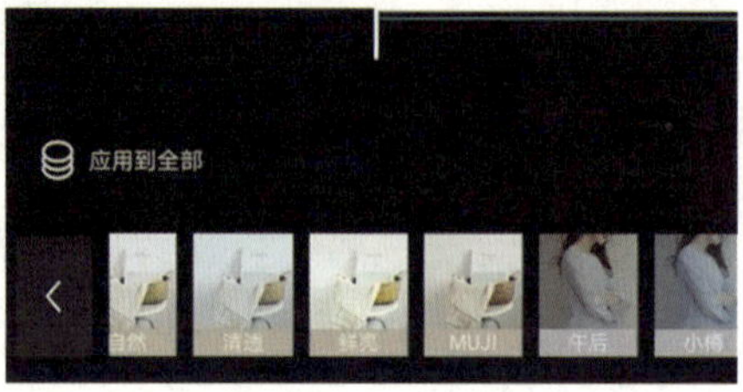

图 5-15　滤镜

在剪映中可以直接调整视频比例及视频在屏幕中的大小，简单选择或用手指直接在视频上操作就可以了，如图 5-16 所示。

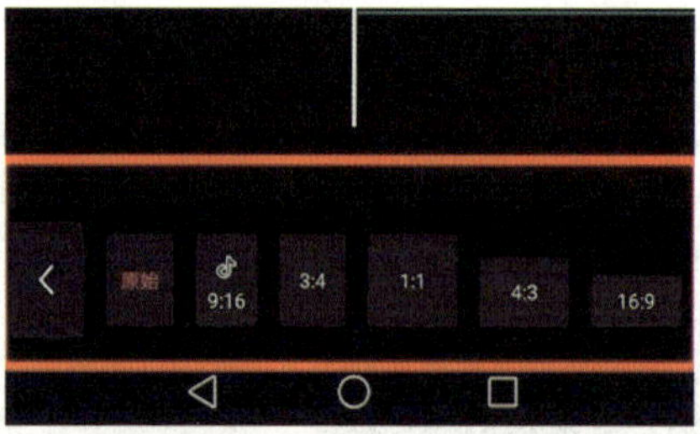

图 5-16　调整视频尺寸

视频制作完成后即可导出视频，如图 5-17 所示。

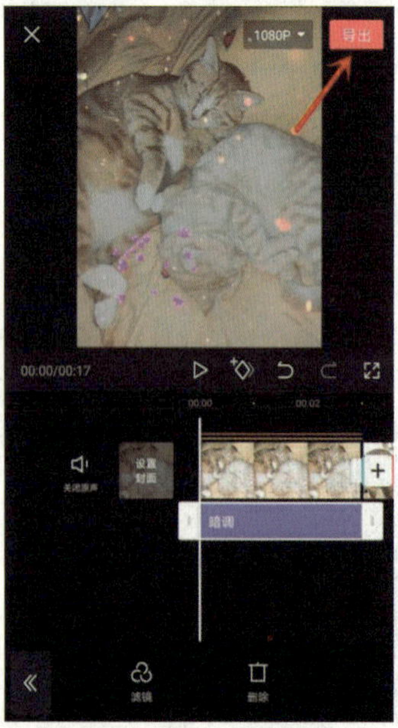

图 5-17　导出视频

五、利用 PR 为字幕制作逐行出字的特效

（1）选择“字幕”→“新建字幕”→“默认静态字幕”选项，如图 5-18 所示。

图 5-18　新建字幕

使用文字工具编辑字幕内容，由于英文字体不识别中文字符，所以会出现方块，只要在字幕属性中把字体改成中文即可。

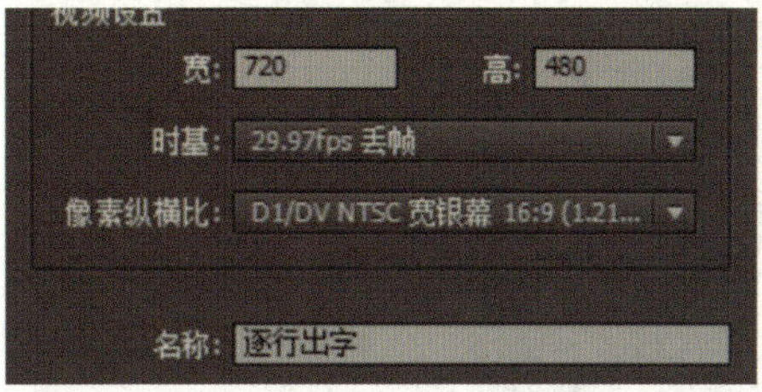

图 5-19　设置参数

（2）设置如图 5-19 所示的参数。

（3）添加字幕文本框，并输入字幕，如图 5-20 所示。

（4）设置字幕属性，设置字体为“NSimSun”，字距为 3，字体大小为 70，行距为 75，如图 5-21 所示。

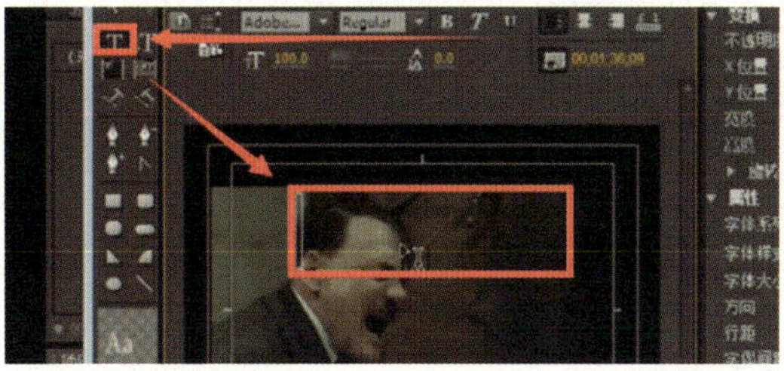

图 5-20　输入字幕

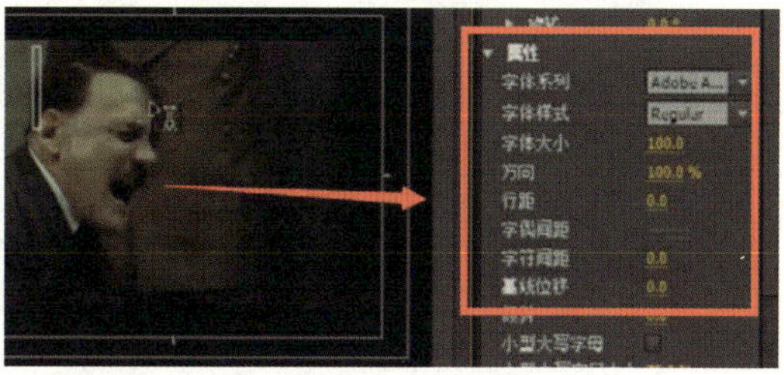

图 5-21　设置字幕属性

（5）将刚新建的“逐行出字”字幕放到“逐行出字”序列的视频 1 轨道上，选中视频 1 轨道，为其添加裁剪特效。时间标尺在 00:00:00:00 的位置时调整裁剪参数，如图 5-22 所示。

（6）将时间标尺放到 00:00:02:00 处，调整裁剪参数，如图 5-23 所示。

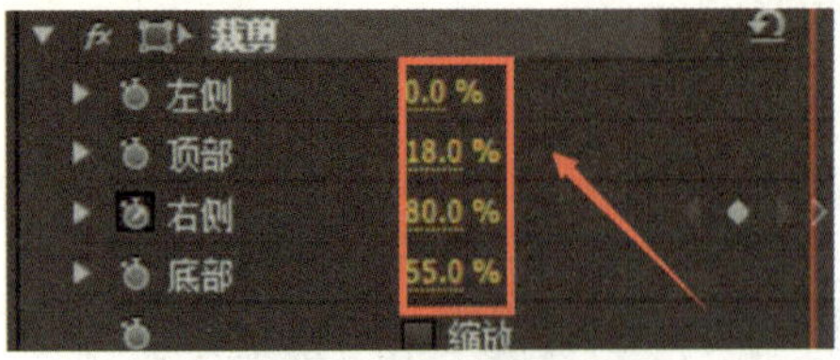

图 5-22　调整裁剪参数 1

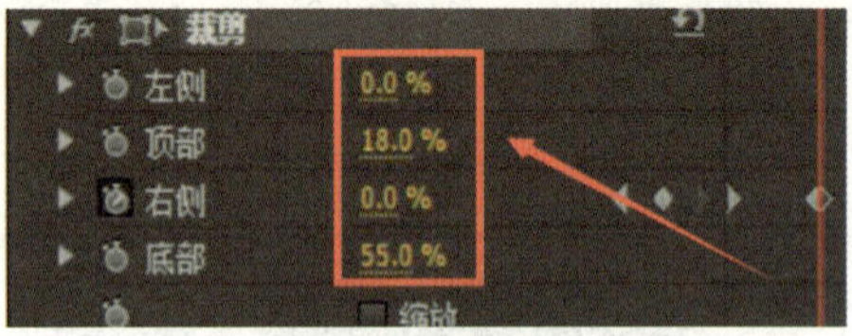

图 5-23　调整裁剪参数 2

（7）将时间标尺放到 00:00:02:00 处，再将“逐行出字”字幕放到视频 2 轨道上并调整其持续时间，如图 5-24 所示。

（8）选中视频 2 轨道的“逐行出字”字幕，为其添加裁剪特效，时间标尺在 00:00:02:00 的位置时调整裁剪参数，并设置右侧的关键帧，如图 5-25 所示。

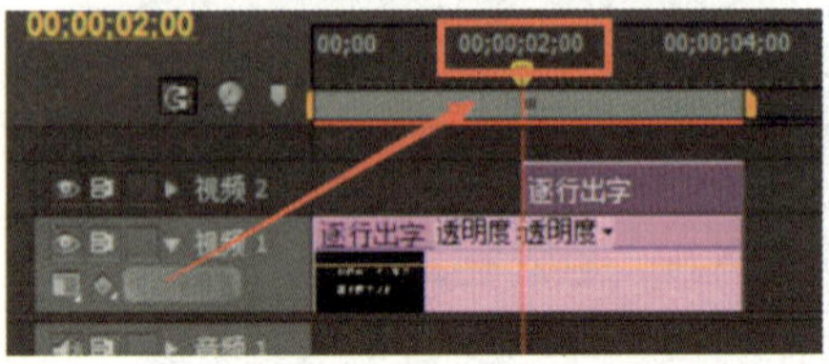

图 5-24　调整持续时间

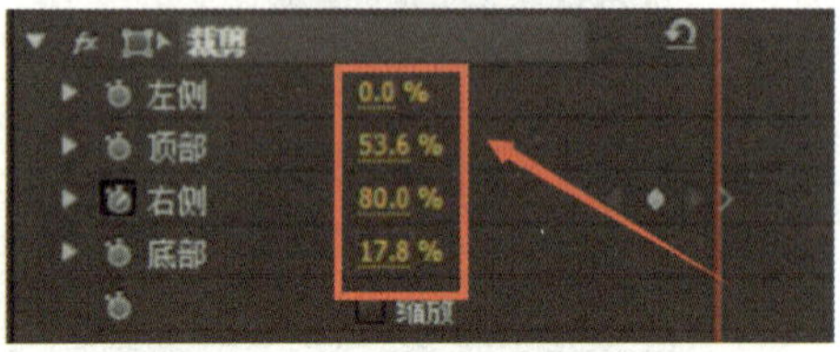

图 5-25　调整裁剪参数 3

最后，将时间标尺放到 00:00:04:00 处调整裁剪参数，如图 5-26 所示。按键盘上的空格键可以在节目菜单中预览效果。

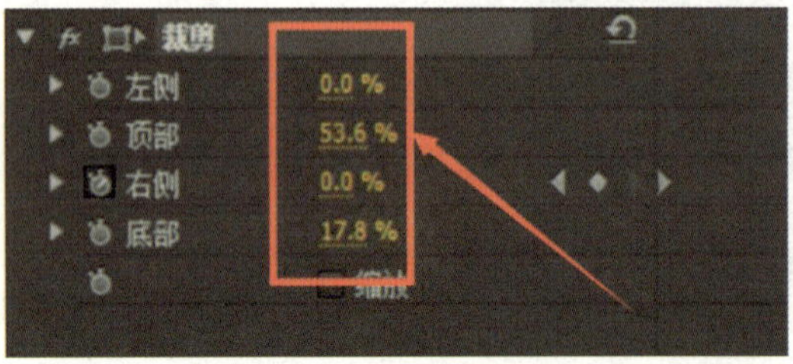

图 5-26　调整裁剪参数 4

练 习 题 五

单选题

1. 下列哪个剪辑软件是抖音官方支持的软件？（　　）

   A. PS　　B. 剪映　　C. 爱剪辑　　D. 美图秀秀

2. 电视节目中最常见的镜头拍摄角度是什么？（　　）

   A. 客观镜头　　B. 主观镜头　　C. 空镜头　　D. 特写镜头

3. 拍摄前要准备的硬件设备有哪些？（　　）
A. 单反　B. 人　C. 服饰　D. 脚本

多选题

1. 常用的剪辑软件有哪些？（　　）
A. 爱剪辑　B. 剪映　C. PS　D. PR
2. 景别分为哪几种？（　　）
A. 远景　B. 静景　C. 动景　D. 特写
3. 短视频的基本拍摄手法有哪些？（　　）
A. 摇　B. 拉　C. 推　D. 晃

问答题

1. 剪辑软件的剪辑流程是什么？

2. 什么是剧本？

3. 正面拍摄的优点是什么？

4. 在短视频拍摄时有哪些注意事项？

第六章

直播间开通及运营

直播前期的准备工作完成后，需要了解直播间是如何开通的，以及如何通过有效的运营使直播间的销售获得利益最大化，这是本章需要学习的内容。

第一节 直播账号的店铺、橱窗开通

想要在淘宝或抖音平台上进行电商直播销售，就需要了解淘宝店铺、抖音橱窗是如何开通的。本节主要学习直播账号的店铺、橱窗开通。

一、淘宝开店条件

淘宝开店的条件具体如下。

（1）年满 18 周岁。

（2）本人已办理身份证。

一个身份证只能开通一个店铺。

二、淘宝开店准备

开通淘宝店铺前需要准备以下要素。

（1）计算机：可以上网并进行简单的图片处理。

（2）手机：可以接收验证提醒短信。

（3）照相机：像素高，可以进行细节拍摄。

（4）银行卡：需要开通网上银行。

（5）淘宝账号和支付宝账号。

三、淘宝账号注册

淘宝账号的注册步骤如下。

（1）进入淘宝网首页，选择“免费注册”选项。选择手机号注册，填写完资料后单击“同意协议并注册”按钮，网站会提示注册成功，如图 6-1 所示。

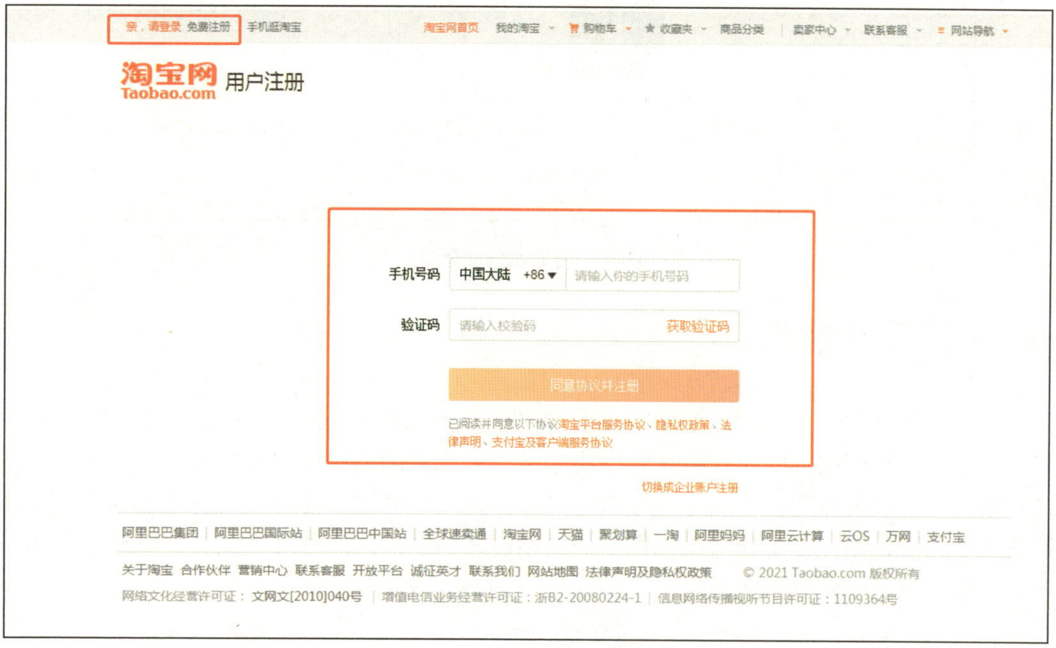

图 6-1　手机注册淘宝账号

（2）进入邮箱，收取淘宝网官方发送的确认邮件，单击确认链接激活账号，店铺开通的第一步便完成了。如果已经是淘宝的注册用户，则不需要重复注册。一个账号可以具备买家和卖家两种身份。

（3）支付宝实名制认证。单击“我的淘宝”按钮，弹出“卖宝贝请实名制认证”的提示，根据提示操作即可。

四、淘宝开店认证

进入“卖家中心”页面，单击“我要开店”或“免费开店”按钮，即可开始开店认证。开店认证包括支付宝实名认证和上传真实个人照片（身份信息认证）两部分，如图 6-2 所示。

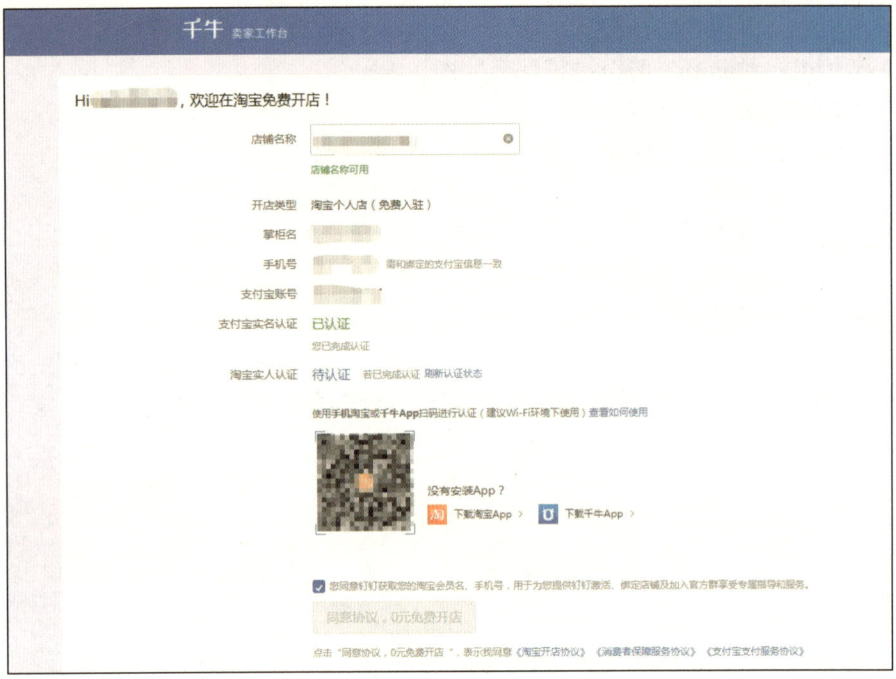

图 6-2　淘宝开店认证

五、通过开店考试

进入“卖家中心”，单击“我要开店”或“免费开店”按钮。进入开店任务页面后，单击“开始考试”按钮，即可开始开店在线考试。考试之前需要选择将要经营的行业。考试试题形式为单项选择题，考试时长为 90 分钟，共 30 道考题，答对 25 道及以上即可通过。若考试不通过，则需要重新考试，直到考试通过才可以开店。参加考试前，可通过开店指导了解考试知识点和试题信息。

六、设置店铺基本信息

进入“卖家中心”，单击“我要开店”或“免费开店”按钮，开店认证显示为“已完成”，继续完成“在线考试”和“完善店铺信息”，便可拥有自己的店铺了。在页面左侧的“店铺管理”中可看到“查看我的店铺”字样。

七、抖音橱窗开通商品橱窗条件

抖音橱窗开通商品橱窗的条件如下。

（1）开通商品橱窗账号的粉丝数量≥1000 人（绑定第三方粉丝量不计数）。

（2）在抖音平台发布的短视频数量≥10 条（公开且审核通过）。

（3）在抖音平台通过实名认证。

（4）商品分享保证金 500 元人民币。

八、抖音橱窗开通步骤

抖音橱窗开通的步骤如下。

（1）打开抖音短视频软件，选择右下角的“我”选项，单击右上角的三横图标，如图 6-3 所示，弹出如图 6-4 所示的页面。

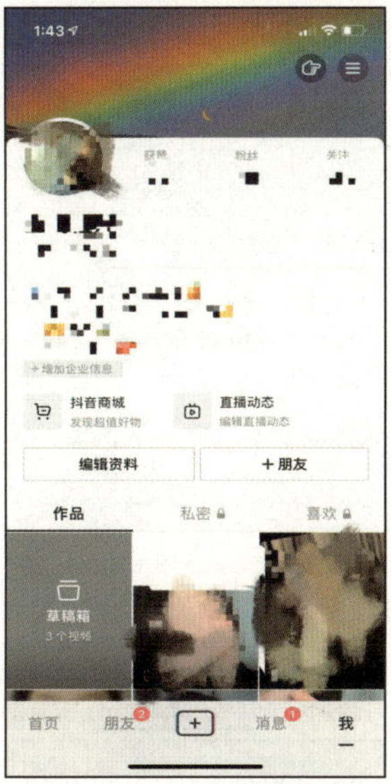

图 6-3　抖音短视频页面

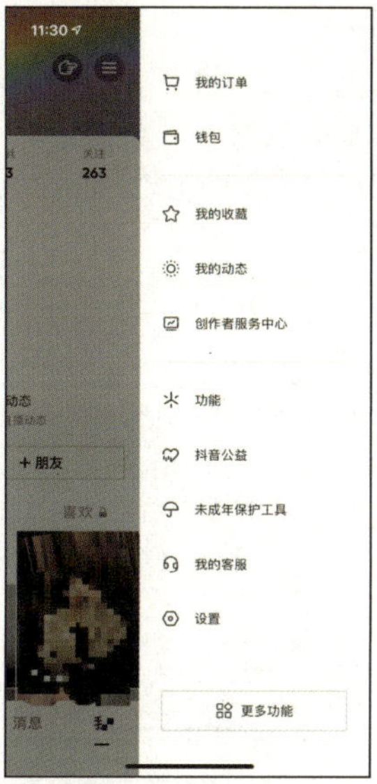

图 6-4　功能页面

（2）选择“设置”选项，打开“设置”页面，如图 6-5 所示。

（3）选择“反馈与帮助”选项，打开“反馈与帮助”页面，如图 6-6 所示。

图 6-5　“设置”页面

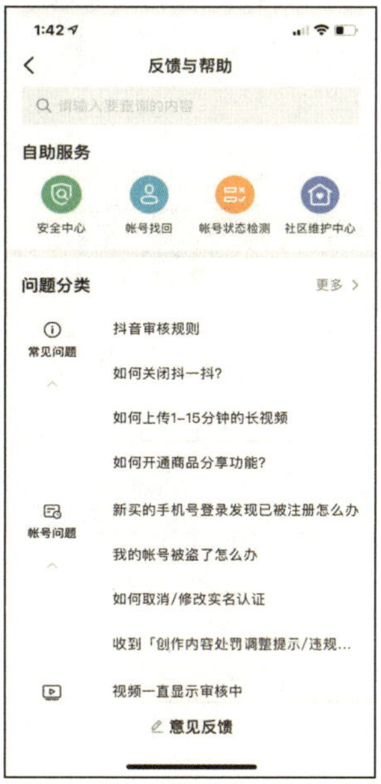

图 6-6　“反馈与帮助”页面

（4）选择“如何开通商品分享功能”选项打开“问题详情”页面，如图 6-7 所示。

（5）选择“这里”选项，打开“商品分享功能申请”页面，如图 6-8 所示。

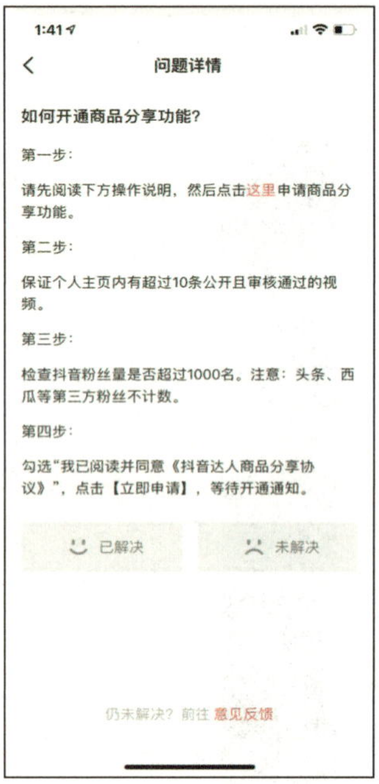

图 6-7　“问题详情”页面

图 6-8　“商品分享功能申请”页面

（6）勾选“我已阅读并同意《商品分享协议》《精选联盟协议及隐私政策》《巨量百应平台协议及隐私政策》”，并单击“立即申请”按钮。

（7）提交申请，等待审核。审核时长为一到两个工作日。审核通过后，商品橱窗就正式开通了。

第二节　选品与商品信息采编

电商直播带货不是一次性交易，不论是主播还是商家，都应把产品视为一种媒介和渠道。只有良好的产品和服务，才能实现消费者长期稳定地持续购买。

作为电商直播从业人员应严格遵守 2018 年起实施的《电子商务产品质量信息规范》。本节主要学习选品及商品信息采编。

一、选品的重要性

1. 网红主播可以和工厂形成完美互补，互促互利

KOL（Key Opinion Leader，关键意见领袖）是营销学上的概念，通常被定义为拥有

更多、更准确的产品信息并且为相关群体所接受或信任，对该群体的购买行为有较大影响力的人，这种人在直播平台上被称为“网红主播”。网红主播与工厂是很好的互补组合，网红主播有流量但无法变现，工厂有产品而无流量。工厂在寻求网红主播合作时，需要先分析网红主播的粉丝，分析其能否与产品的目标人群对应，从权重包含的几个方面去综合衡量该网红主播的真正带货能力。网红主播的粉丝黏性越强，其带货能力就越强。

2. 转化率

转化率是指用户进行了相应目标行动的访问次数与总访问次数的比率。相应目标行动在这里指的是用户的购买次数，总访问次数指的是进入直播间的总人数。如果主播的直播产品不符合直播间用户的需求，那么直播间人气再高，也可能会出现 0 转化率的情况。

二、选品的要素

1. 根据粉丝画像选择类目

以抖音为例，登录抖音创作者后台或利用其他短视频直播数据分析工具，了解账号粉丝的基础画像。例如，粉丝是从哪里来的，男生多还是女生多，年龄阶层等。

2. 根据主播内容垂直度选择产品

如果是内容垂直主播，则建议先做与账号定位相关的垂直领域产品，熟练之后再拓展其他类目产品。如果视频内容垂直于美妆类，那么推荐选择直播带货产品以美妆类为主。如果主播是非专业领域的泛娱乐达人，则选择达人擅长或喜欢的类目来匹配直播间推荐的产品。如果是无明显电商属性的达人，则可依照粉丝画像进行选品。例如，视频账号的女粉丝多，可以选择美妆、服饰、居家用品、美食类产品；视频账号的男粉丝多，可以选择数码科技、游戏用品、汽车用品等男性类目的产品。

3. 产品定价

高客单价：单价≥100 元。

中客单价：单价≥50 ~ 100 元。

低客单价：单价≤50 元。

根据人设来为主播确定产品价格区间。

（1）专业型人设：以高客单价的品牌产品为主，中客单价的品牌产品为辅。

（2）文化娱乐型人设：以中客单价产品为主，低客单价产品为辅。

（3）亲民型人设。以中低客单价的实用型产品为主。

三、选品需要遵循四大要素

1. 多样性

选品时要做多样性测试，以提高产品的更新率。

假设直播间最终选择 20 种产品，测试发现其中 5 种产品的转化率比较高，说明粉丝喜欢这 5 种产品。这样就可以根据这 5 种产品的特征选择下一次要直播带货的产品，包括价格、品类、店铺等。

如果直播间产品种类较少，并且这几种产品粉丝都不喜欢，那么就没办法确定粉丝喜欢什么样的产品。另外，需要提高产品的更新率，保持粉丝新鲜感，增加粉丝黏性。

2. 品相

直播带货是具有场景感、沉浸感的互动式带货，好品相的产品更能激发粉丝的购买欲。

3. 品质

品质是产品的核心。产品的性价比高、售后好，可以大大降低退货率。

4. 品牌

有一定知名度的品牌产品更有利于转化，一般来说，品牌产品知名度高，质量有保障。

四、选品的货源

1. 平台分销

平台分销是指淘宝联盟、京东、苏宁易购、考拉、唯品会等电商平台通过分销他人的产品赚取分销佣金，适合刚涉足直播的主播，主播只需提前购买产品试用并在直播间推荐即可。

平台分销的缺点是佣金不稳定。例如，有些商家开始设置的商品佣金为 50%，一段时间后就调整为 10%了。这种情况时常发生，所以找到诚信的商家是关键。现在很多商家都了解抖音的流量，愿意设置高佣金吸引达人分销带货。

分销产品发货时间不确定，如果量大的话，则可能会延迟发货。从而引发粉丝不满，所以在选品时，应提前和商家对接好售后流程。

2. 自营品牌/联名

（1）自营品牌适合自己有产品、有供应链的主播，如抖音平台可以开通抖音小店，卖自营品牌或特产之类的产品。

（2）联名就是招商，适合头部主播，利润高、售后有保障。

自营品牌/联名的缺点是对供应链、货品更新仓库存储的要求非常高，一般只有极少超级头部主播才有自己的供应链。

3. 合作商

合作商一般都是通过私信、商务联系、对外招商等方式主动寻求与主播合作。合作商的优势是基本都是品牌产品，商品质量有保证，直播间转化率高；不足是主播的佣金一般较低。

4. 供应链

主播自己进行供应链拓展，一些超级头部主播拥有自己的产品供应链。优点是超高利润，缺点是需要大资金。

五、商品信息采编

商品信息采编是指商品信息的采集与编辑，在电子商务领域，商品信息采编主要包括商品拍摄、商品图片处理、商品详情页设计等。通过商品信息采编，为消费者传达准确、清晰、详细的商品信息。

1. 商品信息采编的作用

（1）传递商品信息、减少咨询。

商品信息采编人员可以将商品信息清晰完整地展现在商品详情页中，经过商品信息采编，在直播时主播能够更方便快捷地介绍商品。

（2）提升商品的品牌形象。

精美、富有设计感的商品详情页能够放大商品的优势。主播为促使产品的销售，在直播开始前需要与商家一起把商品的详情页设计好，以便更高效地提升主播及产品的形象。

（3）提高转化率。

提高转化率是商品信息采编的主要目标。

2. 商品信息采编的发展趋势

（1）平台移动化。

移动设备的快速发展，使得移动电子商务迅速发展，平台移动化成为未来电商的发展趋势。移动端的商品详情页相比 PC 端，界面更加简洁，更方便消费者随时随地进行浏览。

（2）设计扁平化。

设计扁平化是指在商品图片设计时放弃不必要的装饰效果，如阴影、透视、渐变和纹理等，通过丰富的色彩和有趣的图形来传递信息。

（3）虚拟互动化。

商家可在商品页开通虚拟试衣界面，消费者可以通过头像拍照，以及填写身高、体重等信息制作模特。然后选择商品在模特身上试穿，试穿满意后再下单。这种方式既适用于服饰类产品，也适用于美妆类产品。

3. 商品拍摄短视频的要求

在拍摄商品时，首先需要选择一款具有手动设置功能的数码相机。商品信息采编人员可以手动设置光圈大小、快门速度及感光度等拍摄参数，对光线进行灵活控制，以拍摄出清晰、真实的产品图片。

在拍摄商品时，还需要一些辅助设备，包括反光板、三脚架、柔光箱、静物台、闪光灯照明灯、背景纸等。

4. 商品拍摄的原则

（1）商品图片清晰。

（2）尺寸展示到位。

（3）风格统一。

（4）打光自然、色差小。

（5）细节展示到位。

（6）背景干净合适。

5. 拍摄商品短视频的要求

为提高用户对短视频的好感，在拍摄时除保证短视频有足够的清晰度外，还需要满足以下要求。

（1）拍摄思路清晰，产品逻辑主线清晰。

（2）具有创意感，与其他同类型产品有不同之处。

（3）视频文案简练，采用消费者都能理解的文字进行产品描述。

（4）封面精美。

第三节 直播间的设计与装饰

一个舒适整洁的直播间能够让用户长时间地停留，从而带动产品的销售。直播间的环境非常重要，因为这是用户进入直播间的第一视觉感受。过于杂乱、令人反感的直播间的环境将直接影响用户体验，进而影响成交。不同产品的直播间有不同的打造方式，本节主要介绍直播间的设计与装饰。

一、直播间的打造与装饰

直播间的环境直接影响主播的发挥，要想使自己的直播间既符合直播氛围又能引人注目，就需要主播在装饰直播间时下一番功夫。常见的直播间装饰物有床、沙发、椅子和小饰品等，也有的主播选用背景墙布来装饰直播间。

无论经营什么类目产品的直播间，首先都要保持直播间的干净、整洁，否则会让消费者的好感消失；其次直播间要经过精心规划、设计，漂亮、精致的直播间会拉高带货产品的档次。

家居类产品的直播环境可以模拟卧室，床作为卧室的标配，是卧室直播间的必备品。要想突出卧室直播间的大气，就需要选择一张规格适中的床。床的高低可根据主播的个人喜好来决定，高度适中的床易创造出精致的感觉。床是整个直播间的重心，应该将其放在中间。为了营造床头重要性，可以在床头部位加装帷幔。家居类直播间如图 6-9 所示。

美食类产品的直播间可以将客厅沙发作为直播背景，直播间的沙发宜小不宜大。过大的沙发会喧宾夺主，导致直播间重点偏移。对于一字型、L 型和 U 型的沙发，主播最好选择一字型。一字型的沙发较为常见，能给人温馨紧凑的感觉，营造出亲密的氛围。沙发上不宜有灯光直射，切忌将灯直接安装在沙发上方，灯光从头顶直射下来会令人紧张，坐立不安，对观众来说是非常不好的视觉体验。以沙发为背景的直播间如图 6-10 所示。

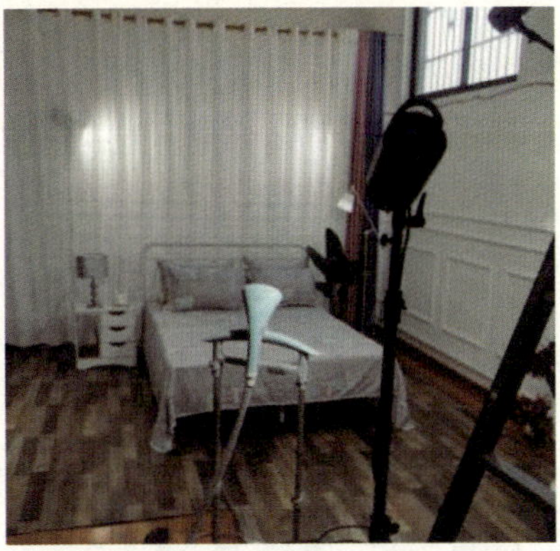

图 6-9　家居类直播间

图 6-10　以沙发为背景的直播间

对主播来说，椅子不仅是直播间的装饰物，更是必需品。很多主播使用电竞椅，这种椅子美观且舒适，如图 6-11 所示。椅子的选择除需要考虑和整个直播间的搭配外，更多的是考虑其舒适性。

在直播间的背景中，除床、灯、沙发和椅子等大件外，还有很多符合主播想营造氛围的小配饰。如帘子、植物、卡通玩偶等装饰物，如图 6-12 所示。

图 6-11　电竞椅

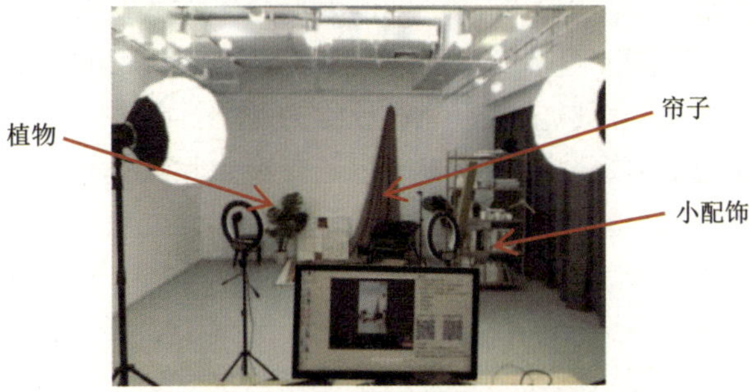

图 6-12　装饰物

主播在装饰直播间时，除考虑家具和装饰物外，还需要考虑背景墙布。背景应以浅色为主，简洁明亮，可以在纯色背景上加上品牌 LOGO。不要使用白色背景墙，易反光，产品展示不清晰。直播间背景布示例如图 6-13 所示。

图 6-13　直播间背景布示例

直播场地的空间使用需要提前进行规划，一般可以设置设备摆放区、货品陈列区及后台工作人员区 3 个区域。

1. 设备摆放区

设备摆放区需根据设备的大小和种类进行规划，以呈现最佳的直播画面效果为布置标准。设备摆放区示例如图 6-14 所示。

2. 货品陈列区

整齐的货品陈列可以使直播间显得干净、整洁，货品陈列区要尽量靠近主播的活动区域，方便主播取用货品。例如，在穿搭类直播间可提前规划好样品、装饰搭配物的摆放位置。除方便主播取用货品外，还可避免直播场景内摆放杂乱。货品陈列区示例如图 6-15 所示。

图 6-14 设备摆放区示例

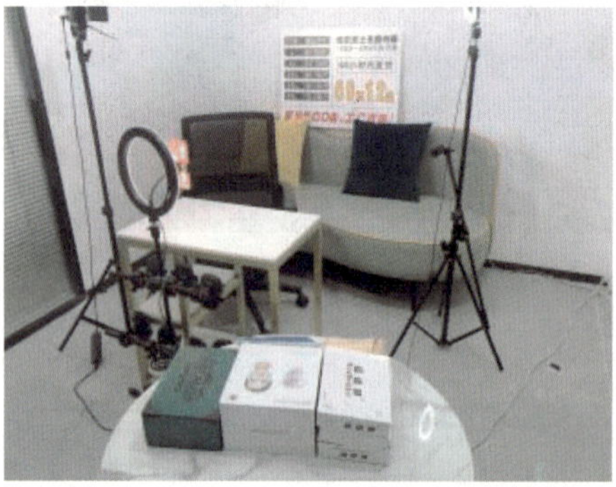

图 6-15 货品陈列区示例

3. 后台工作人员区

直播中需要其他工作人员的配合，一般的带货直播后台需要安排一名助理和一名运营人员，可留出 1/3 的场地作为后台工作人员的活动空间。

不同的直播类型需要配备不同的直播装饰。例如，服装类直播间可将更多的服装作为直播间的背景。在直播过程中方便主播试衣服的同时，也让用户看到更多服装的元素，在互动中更好地和主播进行沟通交流。服装类直播间示例如图 6-16 所示。美食类直播间可将带有食物和直播间信息的背景墙布作为直播间的装饰，加上厨具、食物和相关服饰，整个环境极具美食元素。主播不用刻意强调，用户也能感受到直播间的美食氛围。还有很多美食主播选择在餐厅直播，餐厅的桌子、椅子、装修风格和客人就是直播间的装饰。美食类直播间示例如图 6-17 所示。

图 6-16 服装类直播间示例

图 6-17 美食类直播间示例

根据产品的性质可以选择不一样的直播间，如原产地直播、工厂车间直播、品牌门店探店直播等。原产地、工厂车间直播可增强真实感、正宗性等。需要注意的是户外直播在真实的基础上，要尽可能地保证场景的干净、整洁。室外场景的搭建关键在于完善拍摄设备，如手机、流量卡、耳机线、移动电源等，保证网络稳定、电量充足、画面清晰。户外直播示例如图 6-18 所示。

图 6-18　户外直播示例

二、直播间的灯光布置

舒适的灯光布置有助于实现更好的视觉效果，即便是相同的直播设备，好的灯光布置也可以让画面更加清晰。在设计灯光时，需要注意以下两点。

1. 色温的选择

简单地说，色温就是灯光的冷暖。色温值越低灯光越暖，色温值越高灯光越冷。色温在 3 300 K 左右的灯光与白炽灯相近；2 000 K 上下的色温类似于烛光，红光成分较多，给人以温暖、健康、舒适的感受；中性色光的色温在 3 300 ~ 5 000 K 之间，由于光线柔和，给人愉快、舒适、安详的感受；冷色光的色温在 5 000 K 以上，光源接近自然光，有明亮的感觉。

在市面上一般能够买到色温为 3 000 K、4 000 K 和 5 700 K 的光源，3 000 K 为暖白光，一般用于家庭、酒店、咖啡馆等温馨的环境；4 000 K 也为暖白光，比 3 000 K 稍冷，可以营造温馨气氛，家庭厨房可以选用；5 700 K 为正白光，适用于办公室、会议室、教室等。直播间应针对不同类目选择不同色温的光源。

对服饰类直播间来说，不同品牌的服饰有着不同的风格，如果是欧美极简风或日系小清新风，则应选择 5 700 K 的正白光；如果是走民族风或田园风，则应选择 4 000 K 偏暖一些的暖白光。美妆类目要展示化妆效果，一般采用 5 700 K 的正白光；如果要展示人们在真实生活场景中的妆容效果，那么可以选用 4 000 K 的暖白光；美食类目多用 3 000 ~ 4 000 K 的暖色光，会让人产生食欲，类似餐厅的灯光；珠宝类直播间要根据不同的珠宝类型来选择，如翡翠或钻石选用正白光会使珠宝的通透感更好，而蜜蜡这类本身就有颜色和质感的珠宝，则可以采用偏暖一些的 4 000 K 的暖白光。

2. 灯光的设置

按照光线造型作用划分，可以将直播间中用到的灯光分为主光、辅助光、轮廓光、顶光和背景光。不同灯光采用不同的摆放方式，其创造出来的光线效果也不同。

（1）主光：映射外貌和形态的主要光线，起到主要照明的作用。可以使主播脸部受光匀称，是灯光美颜的第一步。位置应放在主播的正面，从这个方向照射的光充足且均匀，可以使主播的脸部柔和，起到磨皮美白的效果，如图 6-19 所示。

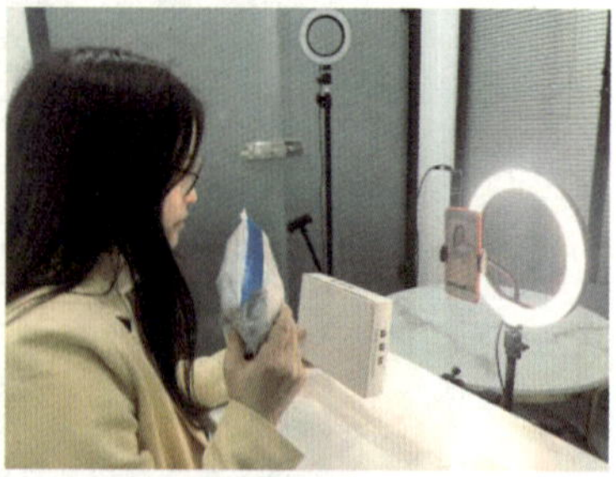

图 6-19　主光

（2）辅助光：辅助主光的灯光，增加立体感，起到突出侧面轮廓的作用，如图 6-20 所示。

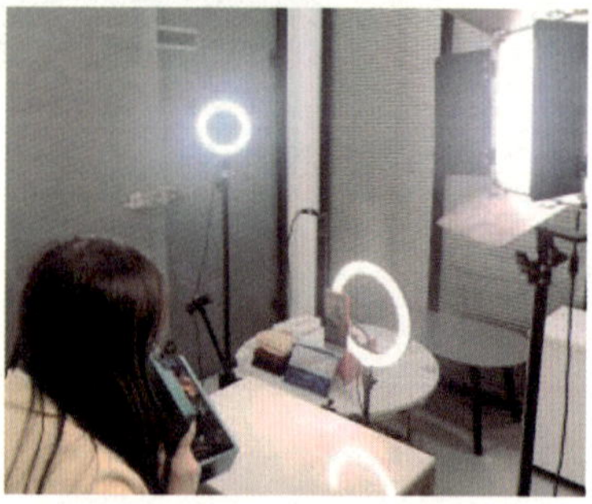

图 6-20　辅助光

（3）轮廓光：又称“逆光”，放在主播身后形成逆光效果，勾勒出主播轮廓，可以起到突出主体的作用。从背后照射的光线不仅可以使主播的轮廓分明，还可以将主播从直播背景中分离出来，以突出主体，如图 6-21 所示。

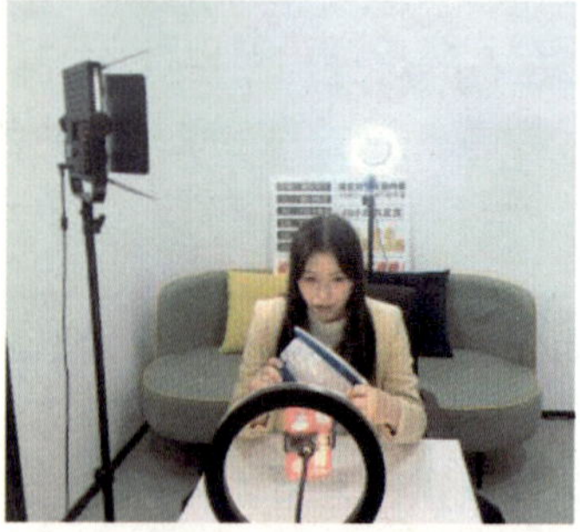

图 6-21　轮廓光

（4）顶光：次于主光的光源，从头顶位置照射，给背景和地面增加照明，同时加强主播瘦脸效果。从主播上方照下来的光线产生浓重的投影感，有利于轮廓造型的塑造。需要注意的是顶光位置与主播位置的距离不要超过两米，如图 6-22 所示。

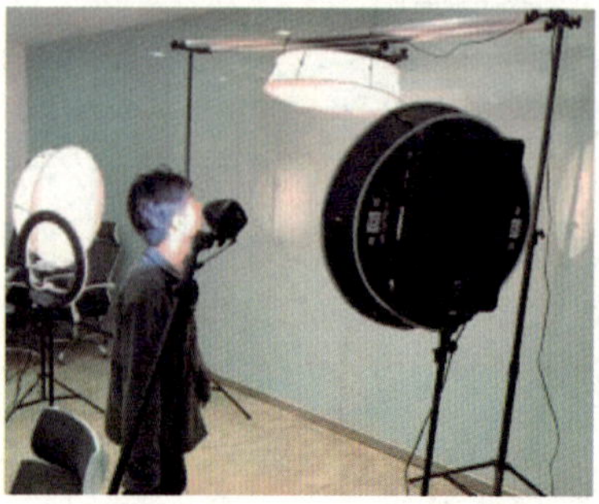

图 6-22　顶光

（5）背景光：又称为“环境光”，主要作为背景照明，使直播间的各点亮度都尽可能统一，起到让室内光线均匀的作用。需要注意的是背景光的设置要尽可能地简单，切忌喧宾夺主，应采取低光亮多光源的方法布置，如图 6-23 所示。

图 6-23　背景光

第四节　直播间运营的基本流程

直播间运营的基本流程是本节主要学习的内容。

一、开播前运营人员的准备工作

1. 直播硬件设备使用培训

开播前应熟悉声卡、音效、麦克风的正确使用方法。现在大部分直播间使用的都是外置声卡，外置声卡上有辅助音效、群众笑声等可以活跃气氛的特色音效，需要直播运营人员提前熟悉且灵活应用。

2. 妆容服饰搭配

主播直播时干净得体的妆容服饰非常重要，衣着颜色应以浅色为主。控制衣着的尺寸，不能穿着暴露。衣着款式应以简洁大方的风格为主，忌讳花里胡哨、喧宾夺主。一个得体的发型也会为主播的整体形象加分，好的发型应完美搭配主播的妆容服饰。

主播的妆容服饰搭配和发型选择都需要直播运营人员给予适当的建议，让主播以一个美好的形象示人。这样既能增强主播自信，也能给直播间的观众带去赏心悦目的直播感受。

3. 直播内容及话题准备

新手主播刚开始直播时难免会产生无话可说的情况，俗称“尬场”，建议首场直播时长控制在两个小时以内。直播运营人员提前将直播分割成 10 ~ 20 分钟的片段，把每个片段聊哪些话题内容准备好。从而避免主播尬场，影响直播间的气氛。

二、直播中运营人员的工作

作为直播运营人员，当主播开始直播时需要做以下工作。

1. 记录直播时间

记录主播的直播开始时间及结束时间，形成文档，方便后续复盘。

2. 观察主播心理状态

通过微表情及语速语调来观察主播在直播时的心态，其目的是即时发现主播的不适，提供解决方案，帮助主播应对各种突发状况。

3. 观察视觉效果

总的来说，属于整个妆容服装搭配和直播间的灯光效果，肉眼可见的画面是否得体、精致，以及是否还有可改进的地方。

4. 关注直播内容

主播带货时的产品介绍、直播话题、互动环节都属于直播内容的范畴，主播是否梳理好当场的直播内容，以及是否用心地做内容策划和话题收集非常重要。直播运营人员需要关注主播开播的直播内容及节奏是否有需要提升的地方，直播内容是否符合直播间的调性，以及直播是否紧凑等。

5. 把控直播节奏

正式直播后，直播间就是主播的主场，主播需要按照提前策划好的内容按流程直播。直播运营人员可在场外提醒主播每个环节的时间，主播根据时间来把控节奏。

6. 做好场控

新手主播开播后，需要直播运营人员做好直播场控工作。场控是指直播现场控制，包含以下几个方面。

（1）帮助主播欢迎游客，引导他们点击关注，帮助主播获得更多粉丝。

（2）回答主播未能及时回答的问题，带动直播间的气氛。

（3）维持现场直播秩序，清理广告刷屏的游客账号，给直播间观众营造良好的观看体验。

（4）在直播间找话题和主播互动，从而避免新手主播尬聊的情况发生。

三、直播后运营人员的工作

1. 问题梳理

针对主播在直播中所产生的问题进行梳理，需要改进的地方用表格形式列出来。根据问题提出相对应的解决方案及建议，帮助主播更好地完善直播。只有直播运营人员足够专业，主播才能得到更好的改善。

2. 与主播沟通

针对直播过程中梳理出来的问题，一项一项地与主播进行详细沟通，并且提供相对应的解决方案。在和主播沟通的过程中直播运营人员需要更多的耐心，沟通的目的是提升主播的职业技能，改善不足的地方，从而使主播个人的综合直播技巧和直播技能得到提升，并得以落实在后续的直播中，最终产生更多的经济收益。

3. 监督主播

监督主播在下播后是否依旧积极地进行粉丝维护，对于直播中未能及时回答的问题，主播及直播运营人员要在下播后回答。只有回答及时，互动活跃，才能增强粉丝的黏性。

4. 制订直播计划

针对以上主播客观存在的问题，主播运营人员要有步骤地帮助及督促主播做出相应的改善。并且制订后续的直播工作计划，让主播积极参与到工作计划中来。

练习题六

单选题

1. 淘宝开店考试时间为多长？（　　）
   A. 60 分钟　　B. 120 分钟
   C. 30 分钟　　D. 90 分钟
2. 商品信息采编的发展趋势不包括以下哪项内容？（　　）
   A. 平台移动化　　B. 快速便捷化
   C. 设计扁平化　　D. 虚拟互动化
3. 直播间装饰时，不宜使用什么颜色的背景墙？（　　）
   A. 白色　　B. 黑色
   C. 金色　　D. 灰色

多选题

1. 淘宝的开店条件不包括以下哪些内容？（　　）
   A. 年满 18 周岁　　B. 家人已办理身份证
   C. 一个人可以注册两个账号　　D. 一个人只能注册一个账号
2. 直播运营在开播前的准备工作有哪些？（　　）
   A. 直播硬件设备使用培训　　B. 妆容服饰搭配
   C. 直播内容及话题准备　　D. 记录主播直播时间
3. 直播后运营人员的工作不包括以下哪些内容？（　　）
   A. 问题梳理　　B. 把握直播节奏
   C. 做好场控　　D. 制订直播计划

问答题

1. 淘宝开店的准备工作有哪些？

2. 选品需要遵循哪几大要素？

3. 商品拍摄的原则有哪些？

4. 主光的作用是什么？

第七章

直播中的电商主播

电商主播是整个直播运营团队的核心和门面，主播可决定直播间的最终成果。一个好的电商主播必备的素养有哪些？直播中电商主播需要做些什么，这些是本章需要重点学习的内容。

第一节 电商主播的必备素养

电商直播是指主播通过网络直播平台或直播软件来推销产品、开拓用户，使用户在了解产品各项性能的同时购买产品，是主播和用户双方在情感、产品信息、思想等方面相互影响的过程。主播在和用户沟通时，并不是简单地回答问题就可以了，更重要的是根据粉丝的特点、话题、场合进行正确的应对。除语言方面必备的素养外，心态、主播的人设、说话风格也非常重要。本节主要学习电商主播的必备素养。

一、避免尴尬的沟通技巧

1. 转移话题，转移注意力

当直播间出现尴尬场面时，有些新手主播往往会选择直接跳过已发生的问题，甚至以简单直接的方式及态度强行结束问题。实际上，当问题发生时，态度强硬或避而不谈只会使直播间的分歧恶化。主播不妨试试制造轻松幽默的话题，调节直播间气氛，将原话题淡化。如面对的是消费者对于产品的质疑，则需要主播直面问题、严肃解答。

2. 随机应变

随机应变是化解直播间尴尬气氛的良好办法，该方法能够轻而易举地引导用户的情绪，将用户从错误的关注点上转移开来。尤其当用户将关注点放在主播的个人隐私上时，随机应变的方式不仅能够更好地照顾到用户的情绪，也能帮助主播解答尴尬的问题；同时，主播通过制造幽默的气氛，和用户在笑声中修复彼此关系。

3. 避免厚此薄彼

在面对用户时，主播需要注意的是不能当众对不同用户采取不同的态度。平时可以对老用户多加关心，但在直播时若过于关注老用户，则会引发其他用户的不满，激发直播间的矛盾。

4. 适度沉默

主播在直播时，不可能做到每次直播都足够沉着、冷静，可以有自己的小脾气、小性格。适量的脾气性格，会让用户觉得主播更加真实、接地气。但需要注意的是当主播感到情绪波动时，一定要在内心提醒自己保持冷静、化解情绪。

5. 犯错要勇于承认

没有不犯错的人，相比犯错，主播更要注意的是犯错之后的态度。只有态度正确，才能得到用户的谅解。无论错误是否严重，主播都不应该在犯错后寻找借口，推卸责任。借口对于解决问题没有任何益处，只会在无形中破坏来之不宜的信任。主播应该抛弃寻找借口的习惯，为错误承担相应的责任。对于曾经犯过的错误，主播不能避而不谈，最好的解决方法是平静地描述当时是如何犯错的，现在如何看待当初的错误等。相比于高冷的主播，具有亲和力的主播更受欢迎。

6. 形成自己的沟通风格

（1）学会改变自我的标签。

如果主播的个人标签过于单一，就易形成单一的沟通风格。在吸引到基础粉丝后，很难实现持续涨粉，也难以让老粉丝感受到主播的创新能力。因此主播不妨主动改变自我标签，形成新的形象。

（2）建立原则。

主播需要在直播前建立专属于自己的沟通原则，如果缺乏原则，就会发现沟通体系逐渐变得混乱。

（3）具备营销意识。

每一个进入直播间的人都可能是潜在客户，这就要求主播具备营销意识。

（4）注重弱关系沟通。

弱关系沟通是公开场合的沟通链接，除直播外，微信朋友圈、微博、微信群等都属于弱关系场合。主播既要注意直播过程中的表达方式，也要以同样的要求规范自己在弱关系场合的沟通风格。

（5）鼓励粉丝多说话、多互动。

直播不是独角戏，忌讳整场直播都是主播的一言堂。主播需要想办法让粉丝参与到直播中来，让粉丝有主人翁意识，以此调动直播间的气氛。主播可以采用话题吸引、悬念吸引、情绪互动、话语互动等方式来鼓励粉丝互动。

二、主播的说话风格与个性打造

每个人的性格不同，说话方式也风格迥异，主播必须塑造适合自身的说话风格。主播的说话风格通常有以下几类。

1. 靓丽型

外形靓丽的主播说话风格一定要有自己的姿态，可以尝试走高冷路线，营造出仙女的气质。

2. 搞笑型

搞笑型的主播是目前直播界最受欢迎的一种，它不受外貌上的限制，有靓丽外表的主播也可以像谐星一般插科打诨。想要塑造搞笑型的说话风格，必须提升自身的幽默感，可以从以下两点着手。

（1）巧妙的语气：说笑话、讲段子不是朗诵，没有巧妙语气做辅助听起来就会非常尴尬，让用户摸不着头脑。什么时候停顿、什么时候埋下伏笔、什么时候突然加快语速都会直接关系包袱响不响，主播可以多看搞笑型主播的视频进行学习。

（2）丰富的段子：讲段子是搞笑型主播的基本功，没有丰富的段子做支撑，仅靠语气上的幽默很容易让人觉得乏味。在日常生活中，主播必须积累段子。

3. 聊天型

靓丽型主播的说话风格需要主播具备出众的外形，搞笑型主播的说话风格需要主播具备足够的才能和幽默感。新手主播不妨采用最简单的聊天型说话风格。

4. 可爱型

如果主播的外形娇小可爱，那么可以采用可爱型的说话风格。可爱型主播不仅要在语言上下功夫，还需要搭配可爱的衣着和萌系的环境。

三、完善主播说话风格的 6 个技巧

高手主播在说话风格上都有自己的特色，从内而外散发一种独特的气质。想要在说话风格上打上自己的标签，可以从以下 6 个方面入手。

1. 说话清晰

完善说话风格，主播要做的第一件事情就是保证直播时说话清晰，不使用太多的语气助词，让用户能轻而易举地听懂主播在说什么。

2. 可以幽默，但要三思而后行

适当的幽默可以活跃直播间的气氛，但幽默一定要有度。什么话该说，什么话不该说，主播在说之前一定要想清楚。

3. 聊出深度

对聊天型说话风格的主播来说，在与用户交谈时不能流于表面。一定要聊出深度，给

用户留下的印象越深，聊天就越成功。

4. 尽量使用大众能够听懂的语言

专业型的科普主播或知识分享类的主播在科普专业知识时，可以适当采用专业术语。但不宜频繁使用生僻词汇，即使使用，也需要向用户进行名词解释。

5. 坚持训练

主播可以在直播结束后，查看直播回放，记录说话有缺陷的地方进行训练改正。

6. 学会迎合与略过

无论什么类型的主播，与用户交流时都要积极对待、学会迎合。用户提出问题，主播在回答时需保持微笑，让用户感受到尊重。迎合不是毫无底线的，当直播间人数较多时，应分析哪些提问是重要、当下必须回复的，哪些是适合略过或下播后再回复的。

四、主播如何形成自己的说话风格

说话风格的培养与形成，并不是依靠简单的一两个技巧就能轻易实现的。只有符合自身的性格与人设，主播才能够在最舒服的空间不间断地说话。想要塑造自身的说话风格，可以从以下 3 个方面着手。

1. 可以模仿，但不要只模仿

初上直播间，可以模仿高手主播，逐渐找到最适合自己的定位。模仿可以快速打开直播局面，但是不能永远只停留在模仿。应当结合自身的特点对模仿对象的风格进行改造与升级，从而形成自己的风格。

2. 找到让自己最舒服的状态

最适合的说话风格就是让自己最舒服的状态。

3. 形成自己的气场

想要培养自己的说话风格，就必须形成与之对应的气场。想搞笑，整个人就必须非常放松。想塑造亲和力的人设，就必须注意自身的细节，给人带来暖暖的气场。

五、主播如何打造自身的个性化标签

个性化是成为优秀的主播的关键。没有个性就难有流量，主播需要打造自己的个性化标签。

1. 适当出格，但最重要的是内涵

流量时代争出风头，越来越多的主播不惜扮丑搞怪以得到流量关注，但这类主播往往只有短暂的辉煌便销声匿迹。有特色固然重要，但没有内涵，终究只是昙花一现。所以要想形成自己的个性化标签，主播要先了解自己最擅长的是什么，这种内涵如何与别人形成差异化。只有做到这一点，才能成为粉丝长期关注的主播。

2. 让自己变得有温度

作为一名主播想要获得大众的喜爱，就必须将自己真正融入自己的事业中。带货主播必须认真地感受产品，传达出自己对于产品的理解和评价，做一名有温度的主播。

3. 提升自身素养，形成“人无我有”的个性风格

移动互联网时代虽然是一个快餐化的时代，但人们依旧渴望看到有价值的内容。在日常的生活中，主播需要不断提升自身素养，包括个人经历、见识、认知、文学素养等。这些都会影响主播的语言组织方式与内容，形成“人无我有”的个性风格。

六、积极倾听粉丝的留言，不敷衍

电商直播不同于传统的电视购物，全新的移动互联网技术打破了直播单向传播的不足，变成了双向互动。在直播时，留言、弹幕都会在主播的屏幕上呈现，主播一方面要关注自己在镜头前的状态；另一方面也要倾听粉丝的留言，不敷衍他们的诉求，这样流量才能稳步提升。

当主播的知名度越来越高、粉丝数量越来越多时，主播无法兼顾所有粉丝的诉求，完全不敷衍是很难做到的事情。但越是在流量激增的状态下，越要稳定心态，保持人设的稳定性。那么主播如何解决与粉丝互动不完全、不及时的问题呢？

1. 时刻保持最佳的状态

主播一定要告诉自己直播不是用来玩的，只有带着饱满的状态面对粉丝，粉丝才会以同样的热情回馈主播。所以即便开播前主播的状态很差，当开播的那一刻，也要以最佳的姿态展现在镜头前。当然如果主播实在有克服不了的原因，则应提前与粉丝说明情况。

2. 聘请一名助理

如果条件允许，主播可以聘请一名助理协助进行直播。助理最重要的工作是记录较为重要的弹幕和留言，反馈给主播及时回复或自行对粉丝的问题做出明确的回复。

3. 不能逃避粉丝的提问

对于一些不能回答、不好回答的提问，尤其是涉及主播私生活方面的问题，主播可以巧妙地避开提问。例如，粉丝询问是否单身？主播可以回答“这个属于隐私问题哦，暂时不回答。”不过也可以明确地告诉大家“如果我的生活有比较大的变化，那么一定会第一时间与大家分享。”这是一种较为得体的回答，既没有敷衍粉丝，又展现了较高的情商。

第二节　直播前主播的准备工作

在直播开始前，主播除个人的妆容及衣着需要准备外，直播脚本的设计同样重要。本节主要学习直播前主播的准备工作。

一、直播脚本设计

一场优质的直播离不开一个优质的直播脚本，一个优质的直播脚本必须具备“5 步法”，步骤 1，明确直播目标；步骤 2，找准目标人群；步骤 3，设计促销活动；步骤 4，编制促销预算；步骤 5，把控直播节奏。

1. 直播脚本的定义

直播脚本是指保证某一特定直播有序且高效地进行，以达到预期计划的直播方案。通常情况下，直播脚本能够有效地避免不必要的直播意外情况发生，包括场控意外、缺乏互动等。准备直播脚本是一场直播顺利进行的前提。

2. 直播脚本的作用

直播脚本的作用包括以下 5 个方面。

（1）确定直播主题：确定好本场直播的主题，避免跑偏。明确本场直播的核心目的，使直播更有方向感。

（2）规范直播流程：在直播的几个小时内，直播脚本明确了直播过程中介绍哪些产品？什么是主要的？什么是次要的？每个产品讲解的深度等。

（3）把控直播节奏：直播脚本能够保持本场直播节奏感，高效有序地进行直播分享，把最有效的带货放在直播间有限的时间内完成。

（4）引导直播有序进行：直播中主播有可能忘词，如忘记产品的介绍顺序或活动等，直播脚本是最佳的提示工具，可以帮助直播顺利进行。

（5）直播效益最大化：当直播可以在目标明确且准备充分，流程有序地进行时，直播间的效益就会提升。

3. 直播类型划分

按直播品类可将直播类型分为内容型、过款型和抢购型 3 种。

（1）内容型：需要有认知铺垫型的产品，如化妆品、彩妆、茶叶、稀有产品等。

（2）过款型：直播过程中需要快速地介绍产品来支撑直播营业额和直播间的流量，如女装、童装、男装等。

（3）抢购型：非生活必需品，需要激发用户足够的冲动消费的产品，如饰品、珠宝、奢侈品等。

不同的直播类型有不同的特点和适合的品类；内容型直播间的特点和适合的品类为产品普遍缺乏社会认知，需要在直播间快速种草。获取认知的过程可以戳中用户痛点，促使用户购买的直播类型。适合内容型直播的品类有需要主播详细介绍的小众护肤美妆品牌、农特稀有产品等。

过款型直播的特点和适合的品类为产品不需要太多认知，更多的是注重视觉的直观感受。所以直播需要通过较快的节奏来不停地过款，高效满足更多在线粉丝的需求。适合过款型直播的品类有平价饰品、女装、男装、童装、网红休闲食品等，用户只需要最直观简单的视觉评判就能够确定购买。

抢购型直播的特点和适合的品类：属于非生活必需品，需要通过主播快速地演绎来刺激用户在非常短的时间内进行购买。比较适合的品类有全球购的限量品、大牌奢侈品等，这些非生活必需品需要主播拥有足够的带动能力。

4. 直播脚本的要素

（1）直播目标。

明确直播活动的目标至关重要，否则会导致资源分配不合理，进而导致团队成员配合不顺畅，影响直播效果。在直播开始前，直播团队必须明确直播目标，包括观看量、点赞量、进店率、转粉量，以及转换卖货销售额等各项数据的具体要求。只有明确直播目标，才能更好地完成直播任务。

（2）直播人员。

对直播过程中涉及的人员进行工作安排，需要注意各工作人员的分工及在工作职能上的相互配合。例如，主播负责产品介绍、解释活动规则；副主播负责引导关注、产品介绍补充等；直播助理、运营人员负责回答问题、发送优惠信息等；场控人员负责把控整场直播的节奏；后台人员和客服负责修改产品价格、与用户沟通转换订单，以及回答已下单用户的问题等。

（3）直播时间。

直播时间需要提前预设好，直播时严格按照预设的直播时间进行。直播的时间段最好长期固定，不要轻易改变。到了下播时间要及时下播，并且预告下次直播的时间，让用户持续关注。

（4）直播主题。

直播主题是直播活动的中心主旨，一般的中心主旨都是直播带货，但也有单纯的才艺直播或福利直播等。只有每一场直播都进行多样化的主题策划，才能长期吸引用户的关注。

（5）直播内容。

直播内容是整个脚本的精华，包括直播的产品介绍、直播流程、产品价格、产品成分、产品卖点等。

（6）目标观众。

目标观众即本场直播活动所针对的目标人群。

三、直播妆容设计

直播妆容是指通过某种装扮、修饰形成的一种在直播过程中的外在形态表现，简单来说就是通过穿着打扮将主播以舒服的气质和面容展现在直播镜头前。

1. 直播妆容的分类

直播妆容主要分为淡妆和浓妆，淡妆是指较为简单的妆容，其基础是良好的皮肤，如日常生活妆、伪素颜妆等。浓妆是指妆容比较艳丽，不一定步骤多，而是效果比较浓烈，并且对五官中最有特点的部位做重点描绘的面部修饰，如派对妆、圣诞节主题妆容等。

2. 男、女主播的妆容

男主播的妆容主要以干净为主，不宜过于夸张，重点是强调皮肤的质感。女主播在直播过程中主要以淡妆为主，主播的妆容如果过于浓烈，则易喧宾夺主，影响产品的销售。

3. 主播服装的选择

主播在直播过程中的服饰搭配应在颜色和款式上相互协调，不宜穿着过于暴露的衣服或奇装异服。主播直播时既可能上半身出镜，也可能全身出镜，所以服装的搭配很重要。

（1）服装要素的选择。

厚度：主播无论在哪个城市，天气如何，在直播过程中都以穿轻薄型的衣服为佳。即使直播冬季的衣物，在整场直播中除试款外不宜穿得过于臃肿。

颜色：在服装颜色的选择上最好以同类色的搭配为主，全身的颜色不宜太多。

面料：在面料的选择上质感非常重要，衣服需要保持干净整洁。

尺度：在镜头前，穿衣尺度是备受关注的问题。主播需要严格按照《网络直播主播管理规范》的要求选择合适的服装，把握好穿衣尺度。

（2）不同类型服装的搭配技巧。

日常服装搭配技巧：主播可以根据自身的情况来选择日常直播的服装搭配，扬长避短。如果直播时采用坐姿，那么全身的重点应放在上半身；如果采用站立式直播，那么全身的搭配就显得至关重要。

主题服装搭配技巧：主题服装搭配需要根据不同的主题有所区别。例如，农产品直播可选择稍绿的衣服，给用户清新、安全的感觉；美妆类直播可以选择颜色稍微夸张一些的红色，给用户热情洋溢的感觉。

第三节 直播中的互动技巧

如果在直播过程中主播只是自说自话，不与用户进行互动，那么直播间很难留住用户。互动是有技巧的，主播如何在直播中制造有效的互动，是本节需要学习的内容。

一、互动技巧

1. 直播的互动方式

（1）积极回答问题。

在直播的过程中，主播会遇到粉丝提出的各种各样的问题。有的是产品问题，有的是娱乐八卦类问题，都需要主播积极应对。

- 产品问题要及时回答，如果来不及，则可以截图保存稍后再回答。
- 回答问题要有耐心，尊重提问者。
- 对于一些骚扰和不文明的问题可以提出警告或说明。

（2）抽奖。

直播间抽奖是互动的一大利器，抽奖可以设置在直播开始前、直播过程中或直播快结束时。很多直播间会设置每隔一段时间抽奖，甚至直播一开始就会来一波抽奖，以活跃直播间气氛。

直播间抽奖应注意以下3点。

- 奖品最好是直播间推荐过的爆品或当下比较火的产品。
- 抽奖要讲究技巧，不要一次性抽完。可以设置30分钟抽一次奖或整点抽奖。
- 随机应变，根据直播点赞和评论来控制抽奖节奏。

（3）连麦。

连麦是直播间互动的有效技巧之一，特别是和铁杆粉丝连麦。可以调动粉丝的积极性。粉丝会帮助主播塑造权威和专业度，从而增加直播间的活跃性。在与粉丝连麦时，要注意选择粉丝。

（4）才艺秀互动。

直播间要想与粉丝互动起来，除产品外，才艺秀也可以感染他们。

（5）大咖串场。

来直播间参与互动的大咖本身自带流量和话题，进入直播间就会引起话题，大咖的到来能够提升直播的热度、活跃度和互动量。

（6）我问你答。

主播提问，粉丝来回答。提问时需要尽量避开开放性的问题，多问一些封闭性的问题，如以下例子。

- 大家觉得橘色大衣好看还是黄色大衣好看？
- 各位宝宝想要这件衣服吗？想要的可以扣1。

这些问题可以有奖问答，还可以给粉丝大额优惠券。这样既可以提高互动，又可以了解粉丝的需求，方便后续招商选品。

（7）求关注求赞。

优秀的主播在新用户进来时，就会第一时间引导用户关注直播间。当然关注的方式有多种，可以在背景上放一块关注领好礼的牌子，还可以要求粉丝在直播间回复“关注领好礼”的文字，以造成刷屏，提醒新进来的游客，但需主播把握时机，在互动中要注意礼貌并表示感谢。

（8）表情和动作丰富。

很多新手主播在直播间容易犯的错误是表情和动作僵硬，这是很多主播人气不高的原因之一。直播间是主播和粉丝沟通的互动空间，而主播除需要调动现场气氛，临机应变外，还需要尽可能和粉丝多交流，提高每个用户的参与感。

除多笑外，新手主播还需要具备更丰富的表情动作。还应使有一些口头禅等，让粉丝有更多感官上的刺激。

2. 直播需要互动

只有直播间有了人气才有趣味，游客才会停留、转粉。

很多时候，直播带货不是一蹴而就的，需要一个过程，在用户从陌生—熟悉—信任—购买的过程中互动起到关键作用。

3. 互动技巧需要新鲜感

直播的竞争最终还是差异化竞争，差异化既包括直播内容的差异化，也包括互动方式的差异化。你的直播间抽奖，我的直播间讲段子；你的直播间秀歌声，我的直播间有剧情。各有不同，这就是差异化。

直播的下半场更加需要注重直播细节的打磨，可以通过好玩的互动小游戏来提升直播间的趣味性等。

二、表现技巧

1. 直播常用话术

主播的沟通能力直接决定了直播带货的效果，直播在很大程度上是一次语言表达艺术的展现，其核心是直播话术的体现。如果想要成为一名合格的主播，就需要掌握基本的话术。

话术即说话的艺术，一名成功的主播言谈或幽默或严肃或激动或温柔，总能用最合适的语言向用户介绍产品，并帮助用户找到适合自己的产品。

2. 直播语言的应用

（1）语感处理。

- 像和朋友交流一样，说话时留时间给用户思考，该停顿的地方停下来。
- 说话有感情，让面部表情、肢体语言丰富起来。
- 声调有变化，突出词句有重音。多举例子，多总结重复，不断让新进入的用户能马上参与。

（2）话术组织。

- 围绕产品功能阐述，偏理性，多做分析、多说干货。
- 围绕用户需求表达，偏感性，多讲故事、多举例。
- 好的话术应合二为一，针对痛点，对症下药。

产品讲解时，声音要大，语速要快。

- 价格不高，库存多的产品：语言清晰，语音节奏加快。基本亮点罗列，情绪激昂。
- 价格较高的产品：亮点深挖，有逻辑。表达起来有画面感，专业知识丰富。

（3）新手主播的基本话术技巧。

- 欢迎粉丝：短时间内拉近距离感，态度随和有助于后续的直播节奏推进。
- 打招呼：念出名字、介绍直播内容、解读观众昵称、找双方共同点。
- 引导话术：直播时，主播不知道如何与用户互动，可以想办法进行互动。即活跃直播间的氛围，办法包括提出问题、让用户提意见、讨论当下的热门话题等。

（4）用户信息标签化。

主播需要在开播前明确用户的属性，根据直播类型、带货类型想清楚自己想要做什么类型的主播；同时，通过自己的擅长点确定自己的用户。直播的类型主要分为才艺直播、知识类直播、卖货直播、游戏直播等。

直播的初期，新人主播并不知道自己适合做哪种类型的主播，可以先进行学习模仿。找一种类型的话题，然后根据用户感兴趣的程度进行判断，最后确定合适的话题。

主播需要明确用户对什么内容感兴趣，这样才能取得事半功倍的效果。

（5）直播必备的 4 个话术模板。

- 同理心：站在粉丝的角度介绍产品，不要强行植入内容，以免产生抵触心理。
- 话题选择：选择可以聊下去的话题。
- 语言应用：语感处理、话术组织、产品分类讲解。
- 介绍方式：介绍方式既可以选择趣味的，也可以选择专业的，找准一种方式尽情发挥即可。

根据带货的种类选择不同的话术。

（1）美妆类

产品功能话题：上班适合涂这支口红，温柔大方，出门玩则可以选择这支非常吸睛的口红。如图 7-1 所示为不同口红色号示例。

（2）食品类

意见领袖型：你们总是问我如何保持这么瘦，其实我在挑选零食的时候非常注重成分和健康，最近我就在吃这款坚果。大家有没有和我一样的，经常晚上追剧饿了点外卖，一等就是几十分钟，吃多了还睡不着，后来我囤了这款坚果。如图 7-2 所示的不同食品示例。

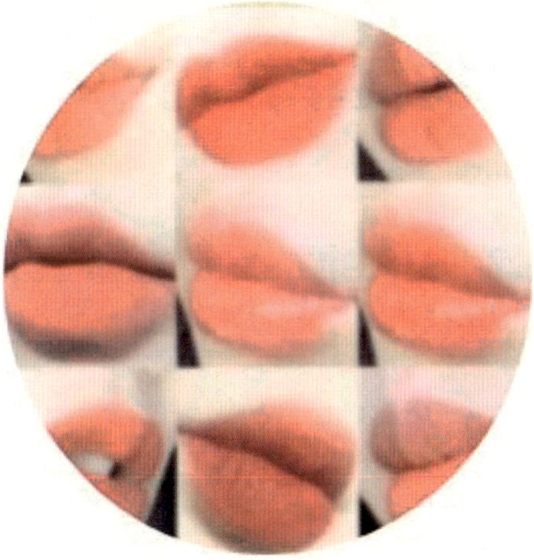

图 7-1　不同口红色号示例

图 7-2　不同食品示例

（3）消电器类

通过讲故事带产品：第一次接触炒菜机器人时，我很好奇它如何自己炒菜，便把它带回去研究，老公看到炒菜机器人后非常感兴趣，非要用它给我做一道鱼香肉丝，结果做出来还真不错，这可是我第一次吃到老公做的饭，你们有同款老公吗？如图 7-3 所示的电器类示例。

（4）母婴类

找共鸣型：我相信很多妈妈都有这样的烦恼，抱着宝宝就没办法冲奶粉。因为大部分奶瓶都需要用两只手才能完成冲奶粉这个动作，我们这款奶瓶，通过独特的设计可以解放妈妈的一只手，这样妈妈就可以一只手抱着宝宝，一只手冲奶粉了。这款奶瓶是采用安全的材质生产的，可以放心使用。如图 7-4 所示为母婴类示例。

图 7-3　电器类示例

图 7-4　母婴类示例

第四节　直播过程中的促单技巧

主播之所以要做直播，除向粉丝传递思想、分享知识外，更重要的是留住粉丝、转化粉丝并最终促成成交。本节主要学习直播过程中的促单技巧。

一、高手主播的促单逻辑

1. 我是谁

对于直播来说，“我是谁”代表着身份认同，这个身份认同如果强化得足够有价值，就是一个人的 IP。例如，很多头部主播都有自己的专属 IP。每位主播需要给自己做好定位，即“我是谁”。

2. 粉丝为什么听我说

粉丝之所以愿意听主播讲，目的之一就是希望在直播间有所收获。如果主播不能给粉丝提供价值，粉丝自然不会留在直播间。主播的直播时长很长，在这么长时间里粉丝为什么听我说？我能给粉丝提供什么样的价值？这是主播需要提前想清楚的。

3. 我凭什么给粉丝说

在人人都能做主播的时代，为什么会有人脱颖而出？为什么很多头部主播直播时，有成千上万的人愿意听他们说，愿意购买他们推荐的产品？除他们已经形成的影响力外，更重要的是他们拥有这个领域的相关专业知识，这就是他们的资格。

4. 我要讲的是什么

每场直播粉丝都是带着某个目标来的，主播要想清楚开播时讲什么、重点商品有哪些等。

5. 我讲这些对粉丝有什么好处

向粉丝推荐一款很好的产品，并详细介绍产品的性能、优点等，都是向粉丝提供好处的一种方式。当然除买到好产品外，还可以有额外的福利，如直播间抽奖、介绍好吃、好玩及有趣的事情等。总之，主播要想清楚能给粉丝带来什么，什么样的产品能让粉丝留在直播间。

6. 我怎么证明所说的是真的

主播在直播时，一定要提前准备。例如，实体产品、产品的检测报告、视频、图片等。在直播的过程中，要不断向粉丝证明自己所讲的关于产品的性能等都是真实的。

7. 粉丝为什么购买我所推荐的产品

主播在推荐产品时，除前期的铺垫和说服外，粉丝需要一个充足的理由和动力去付款，这就涉及相关的成交心理和成交技巧，主播一定要学习相关知识。

8. 粉丝为什么要立刻购买

主播在直播时，要适当营造紧迫感，通过限时、限量、抢购等方式推动粉丝快速成交。

二、提高直播转化率的 4 个策略

1. 精心提炼产品卖点

在卖货的过程中，主播提炼出的产品卖点将直接影响销售业绩。想要提炼出最具商业价值的卖点，主播可以从以下 4 个角度考虑。

（1）为消费者省时省力。

将追求方便、使用快捷作为商品卖点来宣传是行之有效的策略。

（2）为消费者省钱。

消费者都青睐能够帮助他们省钱的带货主播，在产品的核心卖点中可以强调产品的高性价比。

（3）刷新消费者印象。

主播要在竞争激烈的众多带货主播中脱颖而出，成为备受消费者关注的头部带货主播，少不了创新。消费者不喜欢一成不变、毫无特色的产品。如果一款产品能带给消费者惊喜，让其感受到产品的与众不同，那么消费者就更愿意掏钱购买该产品。

（4）圆消费者梦。

消费者希望通过购买产品来满足自己的需求，弥补生活中的遗憾。如果在产品卖点中可以准确地洞悉消费者的需求，帮助消费者弥补遗憾，主播所推荐的产品就会大受欢迎。

2. 分享产品使用体验

很多消费者希望在消费产品和获得服务时，能得到相应的情感体验。因此想要获得消费者的关注，需要让消费者觉得这件产品新奇有趣，能够带来全方位的感官体验。所以想要更有效地激发用户的购买欲望，促使用户下单，主播必须把产品的使用体验分享给消费者，让消费者更直观地了解产品的功效。

主播在分享产品使用体验时需要注意以下几个问题。

（1）全面了解产品：主播在分享产品使用体验之前，必须全面了解产品，熟悉产品的材质、配方、功效、使用方法等。

（2）语言通俗易懂、风趣幽默：主播在与消费者分享产品使用体验时，应使用通俗易懂的语言。尽量少用、不用专业术语，以降低用户的理解成本。

（3）总结产品的优缺点：分享产品使用体验后，主播要对产品的优缺点进行总结，语言要精准、凝练。

（4）给出购买意见与建议：分享产品使用体验后，主播要给出购买意见或建议。给出的购买意见或建议必须精准明确，能够起到切实的指导作用，引导消费者做出购买决定。面对面向消费者分享产品使用体验，让消费者直观地看到产品的功能或功效，做出科学的购买决策是直播电商的一大优势。需要注意的是，分享产品使用体验只是手段，激发消费者的购买冲动，引导消费者做出购买决定，完成转化变现才是最终目的。所以在分享的最后主播需要给出购买意见与建议，以促成交易，提高转化率。

3. 购物袋的产品设置

消费者进入直播间后，不仅会关注主播及其推荐的商品，还会打开位于该直播间左下角的购物袋，看看有没有想要购买或优惠力度大的产品。如果消费者在快速浏览购物袋中的产品后没有产生购买兴趣，便会立即离开直播间。因此购物袋的产品设置会直接影响该直播间的关注人数，乃至最终的产品销量。

（1）热门产品。

热门产品通常位于购物袋的第一展位，是购物袋中的 1 号宝贝。如图 7-5 所示为某直播间的热门产品。

通常购物袋中的第一个产品是该直播间本次直播的主推产品，也是主播创建直播预告时上传的第一个产品，在直播结束后还会在回放视频的封面广告中出现。

一般而言，放置在购物袋首位的产品一定要能够吸引尽可能多的目标群体。这样才能获得更多的市场销量，留住直播间内随进随出的消费者。

放置在购物袋首位的产品可以分为两种情况，一种是在重要节日时按照节日需求推荐热门产品；另一种是时下流行的爆款产品，由于其具有较高的市场热度和欢迎度，符合消费者的喜好，因此销量不错。

图 7-5　某直播间的热门产品

如果本次直播的目标受众是自己的忠实粉丝，则可以大力推广新品。忠实粉丝对直播间的认可度高，产品转化率也高，因此可以通过忠实粉丝为新品做宣传。

（2）末尾产品。

末尾产品可以聚焦注意力，可以灵活调整，持续添加。

位于主推产品之后的便是末尾产品，一般是主播正在推荐讲解的产品，因此放在聚焦消费者视线的黄金位置。主播不会一次性把所有的产品上架，而是在直播过程中陆续添加。处在消费者视线的黄金位置上的末尾产品，是跟随主播的讲解进度而变化的。主播在推荐讲解产品时，如果认为末尾产品停留的时间太长，则会在推荐下一款产品后，把新的产品放置在末尾位置。这种添加方式有两个好处，一是不会让消费者产生视觉疲劳，眼神聚焦在同一产品上过长；二是能够提高消费者的停留率和二次回访率。平台方在计算直播间的关注度权重时，消费者停留率与消费者二次转化率占有极其重要的权重。所以在主播讲解产品的过程中，陆续添加产品的做法，远胜过一次性添加完所有产品。

（3）中部产品矩阵。

中部产品矩阵布局有 3 种方式。第一种是将不同种类的产品多元化、差异化放置，让有不同需求的消费者可以在购物袋中找到自己感兴趣的产品；第二种是按照产品搭配方式调整产品顺序，把组合性与关联性强的产品放置在一起，这样不仅可以单独卖出产品，而且有助于产品的组合销售；第三种是将同类型的产品集中放置，既会增加消费者的选择困难，也容易让消费者在观看直播时对同质化内容失去耐心，购买欲望消失。因此在打造中部产品矩阵时，需更注重产品排列的差异化与层次性。

（4）产品的短标题。

购物袋内每新增一件产品，都可以自定义输入该产品的短标题。产品的短标题是消费者了解产品的“眼睛”，需要简明扼要地突出其卖点。产品的短标题多使用红色来吸引消费者的第一视线，同时，还要注意与使用黑色字体的产品标题相区分，避免同质化。

（5）产品封面图。

购物袋内的产品封面图一般都不大。如果产品封面图不能明确体现产品主体，消费者很难看清楚所产品外观，自然会降低对产品的信任度。因此产品封面图应满足以下两点，一是图片背景干净，单个产品多使用纯色系背景；二是产品放置在图片中间，占据至少 1/3 的面积，只有产品封面图足够大、足够显眼，才能让消费者明白主播推荐的是什么产品。

4. 让观众产生临场感

所谓临场感是让观众在观看直播带货时，能够有身临其境的感觉，主播可以通过细致的场景描述、细节描述、人物描述等增强观众的临场感。

（1）营造使用场景。

消费者购买产品的最终目的是满足自己的使用需求，因此主播必须为消费者营造出产品使用场景。让消费者能够更真切地了解产品的相关功能，从而激发他们的购买欲望，使其选到自己所需要的产品。

在直播时，主播要将营造使用场景作为带货技巧，这种场景化营销会激发消费者的需求，进而做出购买决策。

主播营造使用场景时要坚持真实性原则，按照产品的实际情况直播，不能为引起消费者注意而夸大产品的使用效果。只有这样才能使主播保持良好的信誉，同时使直播间获得长期发展。需要注意的是营造出的使用场景只是对真实场景的一种模拟，并不是现实生活中的实际场景。

练习题七

单选题

1. 直播运营团队的核心是（　　）
   A. 直播运营人员　　B. 直播选品人员
   C. 直播招商团队　　D. 主播
2. 主播的说话风格不包括以下哪种类型？（　　）
   A. 靓丽型　　B. 坦率型
   C. 搞笑型　　D. 聊天型
3. 以下哪个不是直播必备的话术模板？（　　）
   A. 同理心　　B. 封闭性话题
   C. 语言应用　　D. 介绍方式

多选题

1. 主播如何培养自己的说话风格？（　　）
   A. 可以模仿，但不要只模仿
   B. 找到让自己最舒服的状态
   C. 形成自己的气场
   D. 随性
2. 直播妆容分为以下哪几种？（　　）
   A. 淡妆　　B. 浓妆
   C. 节日妆　　D. 气氛妆
3. 高手主播销的促单逻辑不包括以下哪项？（　　）
   A. 我是谁　　B. 我在哪
   C. 粉丝为什么听我说　　D. 我在干什么

问答题

1. 避免沟通尴尬的小技巧有哪些？

2. 主播说话风格完善的 6 个技巧是什么？

3. 直播脚本的作用是什么？

4. 直播间抽奖有哪几点注意事项？

第八章

直播引流、粉丝营销及复盘

新手主播没有粉丝怎么办？直播后，新手主播如何进行粉丝营销？如何进行数据复盘以提升后续的直播水平？这是本章需要学习的内容。

第一节 认识引流工具

流量就是现金，如何抓住稍纵即逝的流量风口，实现高效、快捷有效的引流，就成为主播和企业最关心的话题。本节主要介绍抖音直播和淘宝直播平台的常用引流工具。

一、抖音付费推广

DOU+是抖音平台为用户提供的一种视频付费工具，用户可以通过 Dou+直接在抖音上购买流量推荐，这种方式适合不想花费太多时间在视频内容制作上的用户。目前 100 元的“DOU+助力”大约可以换取 5 000 人次的播放量。同时，可以设置兴趣标签，把视频推荐给目标人群观看。

1. DOU+的投放步骤

（1）任意打开一个已发布的视频，点击右侧 3 个小点按钮，如图 8-1 所示。

（2）在弹出的选项中选择“DOU+上热门”选项，如图 8-2 所示。

图 8-1　打开一个已发布的视频

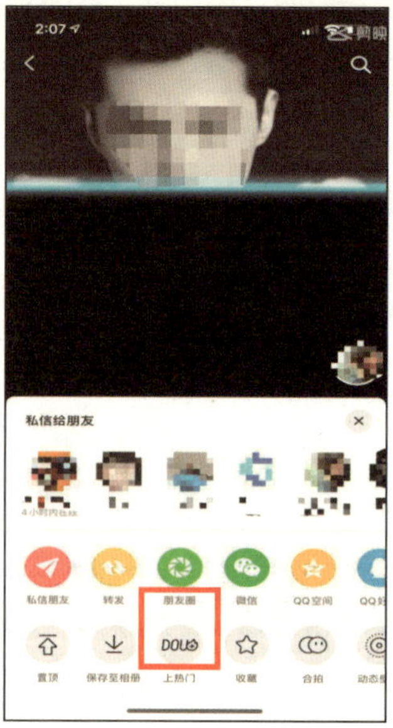

图 8-2　选择“DOU+上热门”选项

（3）可以通过付费的形式，达到新增播放量的目的。新户可享受半价优惠，同理播放量也只有一半。如图 8-3 所示为速推版。

（4）播放量是预计的，并不是固定的，而衡量播放量高低的指标与投放的精准度有关。如图 8-4 所示为定向版。

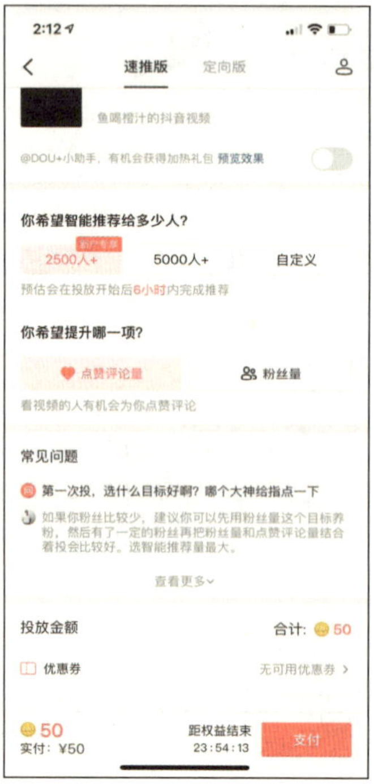

图 8-3　速推版

图 8-4　定向版

（5）系统智能投放是由系统自定义推荐给可能感兴趣的用户，而自定义投放是以个人的标准选择投放用户，标准包括用户年龄、性别及所在地域等。建议选择自定义定向投放，因为自己更清楚发布的视频受哪些用户喜爱。如图 8-5 所示为自定义投放。

（6）投放金额是可以设置的，最少为 100，以 10 的倍数递增。如图 8-6 所示为设置自定义投放金额。

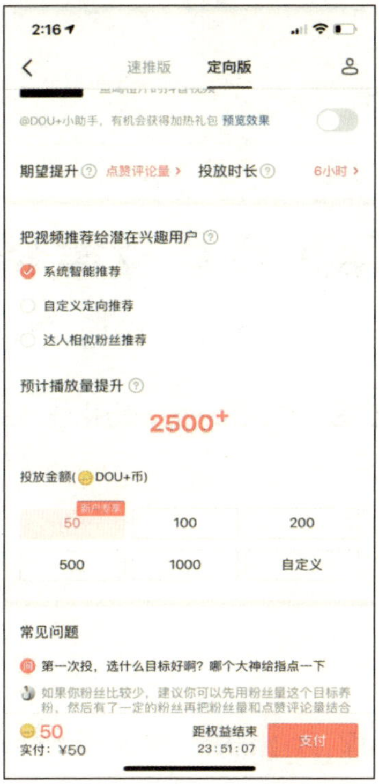

图 8-5　自定义投放

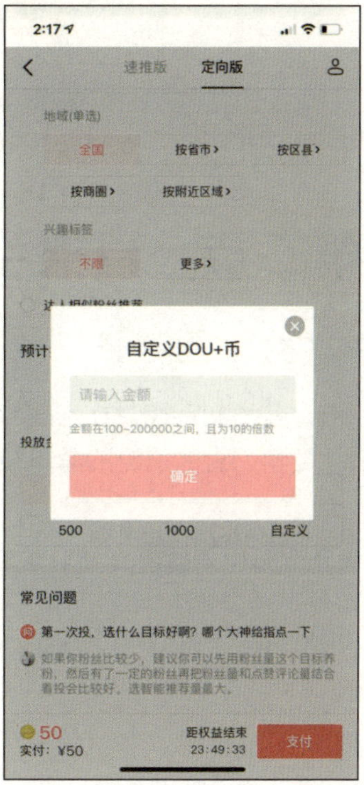

图 8-6　设置自定义投放金额

最后输入投放金额，单击“支付”按钮即可。此外，若对于 Dou+有不清楚的地方，则可以查看使用帮助，其中详细罗列了 DOU+的概念及用处。

二、淘宝直通车

淘宝直通车是为专职淘宝卖家和天猫卖家量身定制的按点击量付费的一种工具，为卖家实现宝贝的精准推广。淘宝直通车是按照点击量扣费的，没有点击量只展现不扣费。通常来说，淘宝上的每个商品可以设置 200 个关键字，卖家可以针对每个竞价词自由定价。根据淘宝网上的排名位置，按实际被点击次数付费。每个关键词最低出价为 0.05 元，最高出价为 100 元，每次加价最低为 0.01 元。当买家搜索到卖家发出的广告后，点击进入后就会开始收取费用，一次最低收取 0.05 元。直通车本身不收取任何服务费，卖家第一次开户预存 500 元，全部是卖家的广告费。如图 8-7 所示为“淘宝直通车”页面。

图 8-7 “淘宝直通车”页面

第二节 直播引流的常见技巧及策略

直播引流是各类商家通过在不同平台的直播间提升流量，以提升转化能力的一种商业玩法。本节主要学习直播引流的常见技巧及策略。

一、直播引流的优势

直播引流的优势主要有以下 4 个方面。

1. 引流成本低

做直播相对比较简单，下载软件、注册账号后即可开始直播，不需要多少成本。如果直播的内容精彩，则会吸引很多用户。

2. 增加曝光率

直播平台是公众传播平台之一，不管是主播还是产品，多一个渠道就多一个曝光的机会。

3. 粉丝黏度较高

粉丝如果喜欢主播，就会有一定的忠诚度，主播持续输出内容，粉丝就有很大概率留下来。

4. 打造个人 IP

引流只是聚集粉丝的一种方式，如果主播能够打造出自己的个人 IP，引流的效果会成倍放大。

二、直播引流的策略

1. 提升自身的形象

主播在镜头前的一举一动都会被粉丝看见，因此主播必须提升自身的形象。这其中容貌占有一定分数，通过服饰、妆容、打造出不同的形象，也能起到加分的作用。形象让人眼前一亮是指穿着搭配符合个人气质，并且可以经常做出调整，给人带来“百变”的感觉。

2. 特长是吸粉的关键

无论哪个直播平台，头部主播一定是具备一些特长的，如唱歌、跳舞、脱口秀、讲笑话等。

3. 巧妙视频介绍引流

经常观看视频网站的人会发现，很多视频界面都有一段简短的介绍，通过快速浏览，可以快速了解这个账号包括哪些内容。所以主播应写明自己的直播特点，如“周一情感互动、周二游戏直播、周五你点我唱”等，让粉丝了解自己的风格，从而愿意主动关注，形成持续化。一个账号的基础简介，一段视频的集中说明都会在此快速展现。也可以将微博、小红书等其他平台账号写进简介，当粉丝产生兴趣后不仅会关注该账号，还会找到其他平台账号进行关注，从而形成铁杆粉丝。

4. 直播评论引流技巧

（1）利用大主播引流。

对于直播来说，很多人的起点很高，尤其是明星名人、网红等。这给粉丝量少的主播带来了引流机会。

第一步：进入大主播的直播间。

第二步：在大主播提问时积极做出问答，实现互动，引起关注。

第三步：适当地给大主播刷礼物、刷存在感。积极向大主播提问，一旦大主播做出回答，粉丝量少的主播就达到了引流的效果。

第四步：仔细聆听大主播直播，寻找适当的机会推广自己的直播号。

（2）与粉丝评论互动。

主播在直播时，可以找几个好友与主播评论互动。当直播间的观众看到有人提问时，也会打破心里的界线，积极提问。

三、直播内容简介引流

内容简介想要激发用户的观看欲望，引爆式的标题是必不可少的。

（1）直击痛处。

（2）巧设疑问句，引起用户的思考。

（3）把粉丝带入创造的场景中。

第三节　直播订单类型

直播订单处理是直播售后非常重要的环节，如果处理不好，极有可能引发大规模的退货，从而影响主播和商家的口碑。为有效地提高订单的成功率，需要采取标准的订单处理机制。本节主要学习直播订单的类型。

从付款和分销的角度，直播订单分为第三方平台支付订单、货到付款订单和款到发货订单 3 种类型。

1. 第三方平台支付订单

第三方平台支付订单是指用户将货款存入第三方支付平台，主播确认信息发货且用户确认收货后，货款由第三方支付平台存入主播账户。

2. 货到付款订单

货到付款订单是指用户在确认收到货品后，通过网上平台向主播付款。

3. 款到发货订单

款到发货订单是指用户提前将货款打到主播账户后，主播发货。

目前，第三方平台支付订单是主流，其订单处理流程主要包括订单确认、订单分配、订单发运和订单收款 4 个环节。

第四节 直播售后技巧及直播复盘

优质的售后服务是维系客户关系、巩固客户群体、实现长期购买的必要条件。本节主要学习直播售后技巧及直播复盘。

一、直播售后技巧

主播及团队在提供订单售后服务的过程中需要注意以下几点。

（1）与客户保持联系，除在直播间里互动外，主播可建立粉丝群，将售后环节作为与客户保持长期联系的纽带。

（2）倾听客户的抱怨，客户对产品不满意，主播不应第一时间进行反驳。而应关心用户、想客户所想，耐心倾听并尽快解决问题。

（3）及时回复客户的消息并进行补偿，当客户反馈商品与直播中宣传的不符或未在规定时间内送达时，主播应及时安抚客户并给予适当的补偿。

（4）必要时主播可以为客户提供售卖商品以外的服务，如商品相关信息的查询、其他配套商品的购买地址等。

（5）定时查看客服的聊天记录和商品评分，以便及时改进相关服务。

（6）多开展店铺活动，把店铺活动和直播安排结合起来。

二、直播复盘

直播复盘是指在直播结束后，运营团队及主播对于本场直播的各项数据进行总结、回顾、分析，目的是查找不足、积累经验、吸取教训、确定后续直播的节奏。没有哪一场直播是足够完美的，或多或少都有值得反思的地方。对新手主播来说，直播复盘尤其重要。

（1）每个分工都要复盘（不同角度总结经验、相互打气）。

（2）组织团队看回放（总结细节）。

（3）复盘数据：最高在线、累计互动、分享次数、商品点击数。

（4）进阶数据：建立粉丝群，每场直播后由直播助理进行询问，本场直播粉丝对产品的期待值、直播氛围的感受及建议，并且可以调研粉丝对哪些赠品更有需求。

三、直播数据统计

1. 直播数据

直播数据包括直播日期、时段、时长、累计人气、累计互动、打赏收入、转载人数、掉粉人数、粉丝男女占比、最高在线人数、粉丝平均停留时长、新增粉丝数等。

2. 电商数据

电商数据包括商品的点击数、订单笔数、总收益、转化率、退款订单等。

3. 作品数据

作品数据是指对比分析每周、每月的数据，从中发现异常数据。

直播数据分析示意如图 8-8 所示。

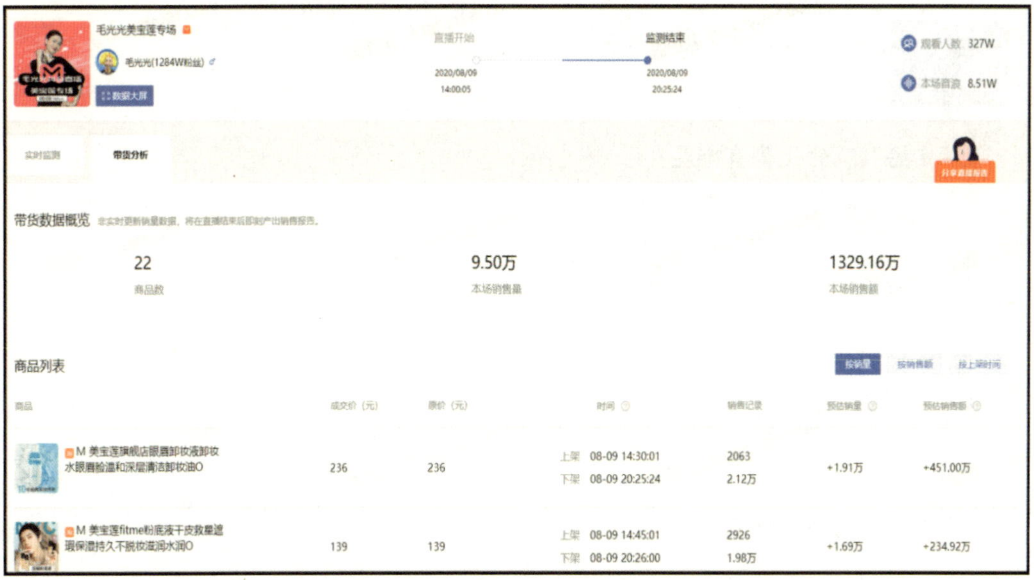

图 8-8　直播数据分析示意

练习题八

单选题

1. 100 元 DOU+预计可换取多少人次的播放量？（　　）

   A. 5 000　　B. 2 500　　C. 3 000　　D. 10 000

2. 淘宝上的每个商品可以设置多少个关键字？（　　）

   A. 100　　B. 50　　C. 200　　D. 300

3. 淘宝直通车的最高出价是多少元？（　　）

   A. 1 000　　B. 50　　C. 200　　D. 100

多选题

1. 直播订单类型不包含以下哪些？（　　）

   A. 第三方平台支付订单　　B. 微信订单

   C. 朋友介绍订单　　D. 货到付款订单

2. 直播售后技巧包括以下哪些？（　　）

   A. 为客户提供额外的商品推荐服务　　B. 与客户保持联系

   C. 随时随地倾听客户的抱怨　　D. 满足客户的一切要求

3. 关于直播内容简介引流，以下哪些是正确的？（　　）

   A. 直击痛处　　B. 巧设疑问句

   C. 把粉丝带入创造的场景中　　D. 放置微信号

问答题

1. 直播引流的优势有哪些？

2. 直播数据统计包括哪 3 点？

3. 什么是直播复盘？

4. 直播售后的技巧有哪些？

进阶篇

第九章

直播选品

本章主要介绍直播选品的相关知识，一场成功的直播前提是要有好的选品团队和选品技巧。选品系统知识包括选品技巧、与商家谈判技巧、品控技巧等，掌握了选品系统知识后，还要掌握产品的包装、话术、上架等系统知识。

第一节 选品技巧与定价

本节主要介绍直播的选品技巧与定价策略。如果直播间没有好的商品矩阵，想要打造高关注度、高销量的直播间，基本是不可能的。所以直播间的选品技巧至关重要，纵观头部优秀主播直播的产品矩阵，主要分为以下几类。

1. 引流款产品

引流款一般指低价产品，是给用户提供了很大优惠的产品。卖这种产品的目的往往不是为了赚钱，而是为了赚流量和人气。

2. 爆款产品

爆款产品就是平台中销量很高的一些产品，其价格不像引流款产品那样低，但是会给直播带来大量订单和用户。

3. 利润款产品

利润款产品就是成本比较低、利润比较大的产品，是利用引流款、爆款产品吸引足够多的人到直播间后，批量进行流量变现的产品。

选品组合的底层商业逻辑大致如下。

1. 需求高的低价产品

生活用品属于生活中需求比较高的物品，无论是垃圾袋还是纸巾，价格一般都不是非常高，属于低价范畴。而且这些用品可以储存，哪怕买多了以后也可以用。

所以直播时消费者遇到这些用品，刚好价格便宜，哪怕暂时不需要也可能会购买。

2. 以前不被熟知的产品

有一些日常用品销量也很高，如厨房纸、百洁布、不粘锅等，这是因为这些产品以前只被少数消费者熟知。对于很多消费者来说，既没有接触过，也不知道怎么用，更不知道产品的价格。在短视频流行之后这些产品便开始被熟知，于是正式进入到市场，出现销量暴涨现象。

3. 视觉效果好的产品

很多直播间走的都是体验流，无论是食品还是美妆产品，都需要主播试吃或者试用。直播的不足是产品的效果只能通过屏幕和主播的表述来展示，为了弥补这些不足，主播会通过试吃、试穿或试用等方式来代替用户感受产品。

直播间畅销的产品一般具有以下“三高”规律，熟悉该“三高”规律才能触类旁通，这也是做好直播变现至关重要的一步。

（1）高性价比。

消费者选择平台购物一是因为方便，二是因为便宜。直播只是购物平台的一种工具，它依旧符合并且遵守购物平台的基本特性——便宜、方便。高价位的产品能不能在直播间卖？能。能不能卖得动？相对较难。所以低价或者高性价比的产品则更加符合消费群体心理的产品定位。

（2）高匹配度。

首先，通过价格区间初步确定用于直播的产品，接下来便需要找到合适的人来做主播。无论是达人主播还是商家主播，都要让产品和我们的直播间粉丝标签或者达人标签相匹配。

（3）高独特性。

高独特性也就是我们通常所说的产品卖点。“卖点”两个字理解起来很简单，但是面对直播间几十款甚至上百款的产品，如何一款一款地提炼卖点，需要主播和运营团队多思考。

商家直播选款的思路通常如下。

新手主播在刚开始直播带货的时候，一场直播短则两三个小时，长则七八个小时。如果只是以流水账的模式介绍产品，用户在观看时会很容易产生疲劳，激不起购物欲望。所以要利用直播间产品的属性定位来提升直播间的节奏和趣味性，一场优秀的直播间产品分类组合介绍大致可以分为以下几类。

1. 印象款产品

印象款产品是指促成直播间第一次交易的产品，有了第一次交易，用户对主播或者直播间便会留下印象。下一次再进来直播间的概率也会增大，所以印象款产品的重要性不言而喻。什么样的产品适合作为印象款？可以选择直播间中高性价比、低客单价的常规产品。例如，卖包的直播间，可以选择零钱包、钥匙包；美搭的直播间，可以选择腰带、打底衫等。印象款产品要实用且人群覆盖面积广。

2. 引流款产品

引流款产品是指用来直播引流的款式，是具有独特优势和卖点的产品，这款产品要尽量做到别的直播间没有，但是我的直播间有；或者是别的直播间有，但是我的直播间产品更佳。那么什么时候推荐引流款产品呢？直播运营团队可以根据直播间的实时数据，在观看量达到一定的峰值时，推荐引流款产品，也可以配合直播间的优惠活动来推荐引流款产品。

3. 跑量款产品

在设置引流款产品时，为了增加竞争力，通常会设一个很低的价格，可能不赚钱。所以跑量款产品，实则才是支撑整场直播间销售额的产品。一场直播可以设置多款跑量款产品，有节奏地穿插着分批推出。跑量款产品一定要保证货源充足。

除此之外，直播间还可以有用来提升档次的气质款，以及便于设置价格梯度的评价款等。主播需要在不断的实践中摸索最适合自己直播间活动和粉丝属性的产品规划。

一个直播选品的定价策略也是销售转化的重中之重。下面一起来学习产品定价的思路与方法。

1. 价格阶梯策略

通过观看一些超级大主播的直播间会发现，他们的直播间通常在价格设置上会有非常明显的价格阶梯策略。

例如，某件产品的线下价格为 69.9 元一件，在直播间内第一件 39.9 元，第二件 19.9 元，第三件 9.9 元，第四件免费送。在这种价格策略下，主播往往都会随后给直播间的观众建议：“建议数量填 4，4 件一起拍更划算。”这样的定价策略，其实就是阶梯式价格策略。这是在传统的买一送一模式下衍生出的升级版，较为适用于食品、小件商品、快消品等。

在这种阶梯式策略下突出的优势也是极为明显的，具体如下。

（1）阶梯型的价格递减，给用户带来强烈的冲击，刺激购买欲望。

（2）有冲击销量需求的单品，采用阶梯价格可引导用户成组多件购买，最终完成销量 KPI。

（3）需要促销的商品采取阶梯式价格策略，可以快速完成促销，释放库存空间。

使用阶梯式价格策略的同时还有以下 3 点建议。

（1）注意鲜明的对比。

阶梯型价格的产品，一定要做好引导，这类产品最要体现的就是价格优势。所以可将商品的原价或线下价格显示在主播身后的屏幕上，或是以其他方式做出对比展示。

（2）适当制造紧张感。

通过调整语速或者音量向用户突出产品的优惠力度，提高用户的兴奋值，从而进行下单转化。

（3）清晰引导。

虽然阶梯式价格策略的商品在上架前已经讲清楚了如何下单，但是由于会有新进直播间的用户，以及对于流程还不是太熟悉的用户存在，所以需要再次进行下单流程讲解。直至商品下架之前，主播可以多次讲解。

2. 惊喜策略

常规的直播形式可能因为没有新意，令粉丝觉得枯燥，这时可以考虑使用惊喜策略。

尽职尽责地讲解商品能够满足粉丝的预期，而惊喜往往能超出粉丝的预期。例如，上架一款商品前在主播介绍完毕后，最终给到粉丝的价格是 59 元。可当直播间的粉丝前往下单时，却发现只用了 49 元，这时候主播可能会解释道这是商家临时设置的优惠等，这种情况就会给直播间的粉丝们惊喜，最终收到良好的效果。

3. 价格话术

当用户觉得产品单价较高时不妨使用价格话术，让用户认为产品很值。假设中秋节要到了，可能很多主播会售卖月饼。假如商家给出的礼盒套装是 99 元包含 3 个五仁、3 个豆沙、2 枚蛋黄月饼，那么不妨介绍成 99 元包含 3 个五仁、3 个豆沙，但同时送出额外 2 枚蛋黄月饼。

如果在价格的话术上采用这种方法营销，那么“变身”后的 99 元的价格设置会让粉丝觉得更加超值。

无论是选品策略还是价格策略，最终的目标都是打造一个高成交的直播间。

人、货、场 3 点环环相扣，只有不断提高直播的要求和水准，才能在众多主播的战场中成功突围破局。

第二节　商家合作模式及合作技巧

新手主播在有了基本选品知识与框架后，还应具备筛选优质商家的能力。那么如何找商家、去哪里找商家、合作模式是怎样的就是本节需要学习的重点内容。

有些商家属于自产自销的类型，因为没有中间商赚差价，所以可以拿到最优惠的价格。不管是对主播还是对消费者来说都是比较好的商家。但这种商家较少，需要主播用心寻找。当主播选中一款产品后，需要将产品质量、产品价格、产品售后进行多家对比，才能选出更优质的直播间产品。

主播选中的产品需要符合自身的形象、短视频内容的风格，以及用户人群的划分等。一般需要主播试用后，才能找到适合的产品。主播在和商家合作时，要看产品的影响力，以及主播自身的带货能力。

主播与商家的合作模式通常有以下几种。

1. 定向合作

商家通过带人主页、星图、淘宝、微信群等方式来选择自己想要合作的主播，通过邮递自己的商品样品，洽谈合作佣金等事项。

双方确定合作后，通过淘宝联盟或其他平台发布推广任务。达人确定带货后，根据自己账号的实际情况，自己拍摄视频、剪辑、做后期并进行产品推广。达人要承担拍摄制作成本和视频后期推广等，所以合作费用中会增加一个拍摄视频的费用。

2. 直播带货模式

直播带货顾名思义，就是商家通过直播平台直接对接主播或者一些直播公会机构。这种合作模式更直接，是最为直观的一种合作方式，也是很多商家喜欢的合作方式。

3. 纯佣合作

纯佣合作类似于淘宝客，主播负责卖货。商家给主播的提成可以按天结算，也可以按月结算。因为操作简单，所以这种模式也是很多新手主播选择的方式。

主播在选好商家之后需要懂得基本的谈判技巧与话术，主要有以下几点。

（1）表明自己的身份。

（2）说明自己的目的。

（3）讲明对方会获得长久收益。

（4）说明自己的独特优势。

（5）自信谈吐。

第三节 直播选品品控技巧

本节主要学习选品品控技巧。在信息广泛的直播新消费时代，直播团队做好直播选品的品控是关乎直播是否能做大的重要决定性因素之一，本节着重讲解品控出现的常规问题，并从中学会如何做好直播选品品控。

1. 如何做好直播选品品控

现在大部分直播团队直播选品都是“货找人”，商家提交报名表后，主播通过其中的内容进行评估。一些做得比较好的直播运营团队则将这种模式变成“人找货”，即将实物商品罗列在平台上。如同超市一般让主播自由挑选，主播选中产品后即会向商家发送通知。

关于直播选品品控，下面是几种常规的方法。

（1）产品生产日期，尽量避免保质期较短或者对运输要求比较高的食品或生鲜产品。

（2）产品试用，主播加强选品力度，可以试用后选择是否直播。

（3）设立产品选品红线。

（4）巧用选品工具，选品工具能够运用大数据对产品品质进行初步筛选，并将商家的商品信息快速地罗列出来供选品团队筛选，避免选品团队在产品生产日期、客户评价等方面出现误判。

下面介绍几种选品工具。

（1）抖音巨量星图：巨量星图是品牌主、MCN 公司和明星/达人进行内容交易的服务平台。抖音希望通过海量聚合明星达人、持续输出优质内容、高效管理交易流程进而提升用户体验，帮助品牌实现营销价值、MCN 公司和明星/达人获取权益。

优点：基于字节旗下产品的大数据分析结果，数据可参考程度高。

（2）VV 直选：VV 直选支持国内抖音、快手、小红书、淘宝直播、知乎直播等平台，用于服务内容创作者（拍摄、导演、剧本等）、商家、主播、MCN 机构等，使直播变现更简单、主播选品更智能。通过 VV 直选，商家可以找到更精准、更合适的资源，根据平台行业大数据能够智能化匹配到有价值的资源合作。

优点：该平台为跨平台（抖音、快手、微信视频号、小红书、虎牙直播等）短视频直播电商行业信息供需交流平台。

（3）飞瓜数据：短视频领域权威的数据分析平台，提供抖音数据和快手数据等，包括热门视频、音乐，抖音快手排行榜、抖音快手电商数据、视频监控、商品监控等。

优点：该平台在数据监控方面在直播行业内是先驱者。

（4）蝉妈妈：短视频运营数据分析工具，其前身是蝉大师，旗下产品主要以 ASO 优化服务为主。蝉妈妈能够提供热门视频、音乐、爆款商品及优质账号，快速发现短视频平台新热点，助力账号内容定位、粉丝增长粉丝画像优化及流量变现、资源对接等。

（5）抖查查：一站式短视频数据分析平台，其数据垂直于抖音短视频、直播电商数据服务平台，专注于短视频、直播大数据统计分析。该平台提供热门视频、音乐、话题、商品、MCN 机构、优质抖音账号、DOU+及抖音直播等数据，帮助抖音账号运营内容定位、粉丝增长、粉丝画像优化及流量变现等。

优点：界面科技感，适合展厅，特别是直播间监控。

（6）新抖：抖音全场景 AI 数据平台，是新榜旗下的抖音短视频和直播电商数据工具。不仅提供抖音热门视频、抖音话题挑战赛等抖音创意素材、抖音号及 MCN 机构排行查找，还提供打卡探店、直播带货、短视频种草带货、热卖商品、品牌营销等全面的短视频在线数据服务，助力达人运营、DOU+监测，选号投放。

优点：个人账号可以试用，方便查询 MCN 机构。

第四节　选品的流程、上架、话术

本节主要学习选品的具体流程、上架，以及商品包装话术等内容，下面以抖音直播平台上架商品为示例进行介绍。

1. 选品的整体流程

在抖音带货直播中，有时候选品的好坏甚至决定了抖音带货直播内容产生的大小，以及抖音直播的利润多少。

因此主播在选品上把好关，是对粉丝负责任的行为，抖音直播带货选品怎么选？我们总结了以下技巧。

（1）掌握货源，要具备充分的货源信息系统。

无论是自己有货源，还是依赖于招商合作，都要根据自己手中掌握的资源来决定卖什么。越是独家资源，竞争优势就越大。如果自己就是货源方，在定价、发货、生产、优惠政策等方面也就占有很大的优势。

（2）维护好粉丝。

在直播卖货过程中，除了自己推荐式卖货，也要知道当前的用户或者是粉丝喜欢什么，他们对你有没有什么样的需求反馈。

（3）组建优质团队，打造团队具备标准选品的 SOP 能力。

（4）选品品类要与店铺、账号、个人属性相关。

领域垂直决定了直播间推送的人群，如果推送的用户不是精准用户，那么直播的转换率和成交率一般不会太高。因此在选品的时候一定要注意，选择与店铺、个人、账号属性相关的产品。举个例子，假设你是三农领域的店铺或者是作者，你在直播过程中卖美妆产品，你的粉丝很可能不愿意为你本场的直播买单。

（5）了解产品知识且亲身尝试产品。

一般来说，各大直播平台的带货一哥或者一姐对自己售卖的产品都有比较深刻的认知，并且都有过亲身尝试。这样做的原因不仅能够深刻了解产品，还能把自己最真实的体会反馈给用户，让用户感受到真实才是用户下单的关键。在直播选品时，一般可以选择自己专业知识范围内的产品。如果不在自己的专业范围内，也要在直播前 7~15 天深刻了解产品。

（6）明白消费者的需求和当下情景需求。

直播带货谁来买？消费者！直播带货需要带消费者喜欢且有需求的产品。头部主播们在选品前很喜欢调研粉丝（也就是消费者）的需求方向，因为他们明白自己卖货的对象是谁；其次是根据当下情景来进行选品，例如，夏天时主播们经常带货的产品包括防晒、补水化妆品，以及防晒服，凉皮、凉面、凉粉等。

（7）选择高性价比的产品。

直播带货的货基本都遵循高性价比的原则，无论是快手、抖音、淘宝还是腾讯直播，出爆款的产品基本都是高性价比的产品，而观众之所以会喜欢在直播中购买也是因为产品性价比高的因素。很多头部主播在直播间售卖的产品性价比都比较高，也因此吸引了很多观众前来购买。

（8）选择高复购率的产品。

为了保证自己的直播间能够持续、健康地发展，主播可以选择高复购率的产品。因为拓展新客户的成本一般要超过维护老客户的成本，因此许多商家都开始营造自己的私域流量池，通常的做法是邀请买家加入他们的福利群或者买家群。

2. 选品之后上架商品的方法

（1）进入抖音 App 页面，点击底部的“+”。选择右侧“开直播”选项，进入直播页面。找到右侧的“商品购物袋”按钮，点击“选择直播商品”选项即可。

（2）选择完成后，在直播开启页面右侧可以看到添加的产品数量。核对无误后点击开始视频直播，即可边直播边卖货了。

值得注意的是，这里点击添加直播推荐的商品，也就是我们要带货的产品，需要提前上架到商品橱窗里。也就是说，要保证商品橱窗内有商品。

3. 商品话术包装

商品话术包装可以简单概括为以下 3 步。

（1）吸引直播间观众注意。

主播在介绍商品前，首先要将直播间内观众的目光聚焦到主播和即将上架的商品上。

例如，在看直播时，经常听到主播们激情澎湃的一段话：“直播间的宝宝们，冬季需要补水的女生们（人群）听好了，接下来上架的保湿补水面膜（商品）就非常适合你们哦!”

还有些主播会说：“直播间的宝宝们注意了，直播间里是不是有很多粉丝出现过洗头时一抓掉一把头发的困扰（情况），不知道如何是好？如果有这种情况的粉丝，可以在弹幕中扣 1。要知道这种情况严重的话会出现 M 字头或者地中海（情况），那么接下来这款防脱发液（商品）可以完全解决你们的烦恼!”

（2）商品详情带入场景感全维度介绍。

当成功引起直播间内观众的注意力后，接下来就是商品上架的讲解环节。在讲解商品时，很多新人主播会没有条理性地介绍商品卖点。为了避免这种情况的发生，这里介绍一种“万能销售介绍法则”，即 FABE 销售法则——F（Features）产品的特性，A（Advantages）这一特征所产生的优点，B（Benefits）这一优点能带给用户的利益，E（Evidence）代表证据。简单来说，就是找出用户最感兴趣的各种特征后，分析这一特征所产生的优点。找出这一特征能够带给用户的利益，最后提出证据。极为巧妙地处理好顾客关心的问题，从而顺利地实现产品的销售。

举例模拟主播使用“万能销售介绍法则”介绍一款榨汁机，场景模拟如下。

【F：首先，从榨汁机的技术特点开始引入，让观众对商品在第一时间留下标签印象。】

主播：今天给大家带来的 X 品牌榨汁机，具有 4 大技术——声源降噪、3 步完成自动清洁、8 大菜单及 0.3 ~ 1 L 的自由选择容量。

【A：如果只介绍技术特点，则太单调，还需要通过技术特点引出商品卖点。】

主播：这款产品的优点是超级静音、解放双手自动清洁、满足多种家庭的料理需求。

【B：以上的介绍观众很难产生共鸣，这时需要具体的场景化凸显商品特点。】

主播：就拿我举例子，记得以前小时候的老式豆浆机声音异常大。所以每天早上叫醒我起床的不是闹钟，而是家里的豆浆机。如果今天直播间粉丝有早上喝豆浆的习惯，又亲自做的话，你们可以看看这款榨汁机。

【E：最后在直播间内通过举证的方式去证明之前阐述的商品特点及优势】

主播：接下来，我给大家现场演示如何做一杯新鲜的豆浆。

（3）引导成交的 5 步销售法则

主播完成吸引观众关注和商品介绍后，最后一锤定音的步骤就是引导直播间内观众下单购买。这里总结 5 步销售法，助力主播完成最后引导下单操作。

举例模拟主播利用 5 步销售法则引导观众下单购买防晒霜。

场景模拟如下。

【提出问题：首先针对商品可以根据用途或卖点提出场景化假设。】

主播：夏天这个季节紫外线非常强烈，是不是很多宝宝都容易晒黑，甚至晒伤？

【进一步描述：其次把自己提出的问题结合商品，做进一步的描述。】

主播：如果等到皮肤晒黑了再去高价购买美白精华，就得不偿失了。

【引入产品：然后把解决问题作为出发点，顺势带出需要介绍的产品。】

主播：所以防晒非常重要，防晒方式有很多，今天直播间推出一款 XX 防晒霜。

【提升高度：再通过之前的描述带出现在介绍的产品的卖点。】

主播：该款产品使用后，肤感非常清爽、不黏腻。而且大容量，非常适合每天都需要防晒的宝宝们。

【降低门槛：最后，主播介绍优惠力度并且加以说明直播间的特惠价格。】

主播：那么这款商品日常专柜价格 XX 元，但是今天直播间最低专享价仅需 XX 元。限量 XX 个，抢完即止！

要想直播效果好，直播带货话术少不了，以下是针对产品套用万能商品话术包装模板。

话术包装模板包括留人话术、互动话术、产品介绍话术、成交话术、催单话术、结束话术等。

1. 留人话术

留人顾名思义就是要留住直播间里的粉丝，提高直播间的留存率，也有助于增加直播间的推荐流量。

留人话术的技巧主要包括利用各种福利、抽奖活动，利好政策留住观众和意向客户。例如，某主播的每场直播开头都是那句“话不多说，我们先来抽波奖”。不只是在直播开始，想要留人，也可以通过各种福利。例如，限量 1 元（9.9 元）包邮秒杀、送###、3 折促销、买二送二等利好的政策都需要贯穿全场。大概 5~10 分钟重复提醒一次，用福利来留住直播间的粉丝。因为直播间不停地会有新进的粉丝，所以前面讲过的福利如果不重复表达，后进的新粉丝就没办法留住。

2. 互动话术

想要留人促转化，可以让直播间粉丝参与到直播中与主播产生互动、聊天。而且互动也是算法评价直播间是否优质的关键指标。互动除了音浪外有很多种，包括直播间内关注、评论、点击购物车、点击商品、送礼物、加入粉丝团等，很多直播平台的“点赞”也成为重要的考核指标之一。因此在开播时可以引导用户进行有效互动，其中点赞、评论、关注相对来说最简单，也是性价比最高的。分享下面 3 种简单易上手的评论区互动技巧。

（1）提问式互动，如这款口红你们用过吗？

（2）选择题互动，如想要 a 款的输入 1，要 b 款的输入 2。

（3）刷屏式互动，号召用户刷屏互动，如想要的宝宝在评论里输入“想要”。

最后很关键的一点就是“关注、点赞、加粉丝团”，同样也是大概 5~10 分钟左右提醒一次。

3. 产品介绍话术

产品介绍是直播带货话术中最基础，也是最重要、最影响转化率的。那么如何做好产品介绍直播带货话术，提升直播间转化率呢？

产品举证，即出示产品可信证明，证明产品质量。包括但不限于销量截图、网友好评、网红推荐、官方资质等。例如，一周销售 1.3 万份（销量数据），上市当天销售突破 8 000 份（销量数据），32%的顾客都会回购（回购率），好评率 99%（好评率），顾客评价 4.9 分（顾客评分）等。

4. 成交话术

成交直播带货话术的核心要点具体如下。

（1）打消顾虑（提升信任感）：比如某主播在推荐产品时，经常会讲一些家人、工作人员使用过的经历，还会在直播间展示自己的淘宝购买订单，证明某款产品是“自用款”，且为重复购买的产品。这些看似不经意的动作，其实都是为了打消观众对产品的顾虑。

主播可以在直播间现场试用产品，分享使用体验与效果，验证产品的功效，这样可以有一定的说服力，可以让粉丝信服主播，并购买产品；同时还要描述产品的使用需求和购买需求，双管齐下，启发用户的购买欲望。

（2）限时限量限“地”：例如，限量。今天的优惠数量有限，直播间目前只有 100 个。这款衣服这个颜色就只有最后××件了，卖完就没有了，制造稀缺感也是销售促单的一种常用手法。

5. 催单话术

很多观众在下单时可能会犹豫不决，那么这个时候主播就需要用催单话术来刺激用户下单的欲望。催单直播带货话术的关键就是营造抢购的氛围，让消费者尽快做出决定。具体可以从下面两个方向实施。

（1）重复强调产品效果和价格优势：比如某主播在卖一款羽绒被时一直强调“想买的亲要抓紧了，我们这里的价格真心实惠”，不断重复强调直播间的价格优势。

（2）不断提醒用户限时限量：用倒计时的方式提醒用户下单。

6. 结束话术

一般来说，主播都会在一款产品限时、限量、限优惠价格之后在直播间提醒“没了，秒完了、抢完了或还可以加库存吗”等。

利用稀缺性可以让下单的客户体验到惊喜，主播可以再次重复提醒直播间接下来的福利、产品等。或者直接告知观众某款产品具体的上架时间段，方便一些不能一直守在直播间的粉丝购买。总之，直播带货话术本身的作用不是机械式的复述，而是有技巧的引导、互动和促进成交。用一轮轮惊喜呈现的方式，让用户选到自己喜欢的产品；同时不管是哪一种话术都不是独立存在的，需要主播融会贯通、烂熟于心，在直播间重复、灵活地运用。

练习题九

单选题

1. 直播选品的产品矩阵主要分为以下哪几类？（　　）
   A. 引流款产品　　B. 爆款产品
   C. 利润款产品　　D. 以上3类

2. 直播选品组合的底层商业逻辑是（　　）。
   A. 需求高的低价产品　　B. 打破传统的产品
   C. 视觉效果好的商品　　D. 以上都是

多选题

1. 直播间好卖的产品都有以下哪些属性规律？（　　）
   A. 高性价比的产品　　B. 高匹配度的产品
   C. 高独特性的产品　　D. 非刚需产品

2. 一场优秀的直播一般会分类组合介绍产品，大致可以将产品分为哪几类？（　　）
   A. 印象款产品　　B. 引流款产品
   C. 跑量款产品　　D. 价格高产品

3. 以下哪几类是正确的产品定价思路与方法？（　　）
   A. 价格阶梯策略　　B. 价格惊喜策略
   C. 价格话术策略　　D. 价格越低越好

问答题

1. 简述直播选品的方法与方式。

2. 简述与商家的谈判技巧。

3. 简述常用的品控技巧。

4. 简述常用的商品话术包装技巧。

第十章

供应链管理

本章主要系统学习直播供应链管理的相关知识。供应链是直播运营的坚强后盾，也是做好直播运营的重要衡量指标。供应链管理知识包括供应链管理基础知识、供应链管理模式、供应链系统等，掌握了供应链管理相关知识才能让直播运营做得更长远。

第一节 供应链管理基础知识介绍

本节主要学习关于直播的供应链管理的基础知识。中国数字经济的繁荣发展使直播带货大量应用在各大电商及短视频平台，电商直播成为最近几年中国互联网比较大的主题之一，也成为各种品牌的重要销售与品宣渠道。

在电商普及时代，做好供应链管理越来越重要。以服装行业为例，该行业在电商平台是百家争鸣。很多做服装贸易的商家从广州到杭州发展，广州则作为电商平台的供应链。这几年，广州部分行业基地利用生产基地供应链优势，开启商户+市场共生逻辑，开始在直播产业发展。由此可以看出，在服装行业供应链问题非常显著，其核心就是库存的管理。服装行业作为时尚产业，由于潮流的时效性，因此供需的匹配在服装行业是个难题。

2020 年 9 月 16 日，阿里巴巴发布会上阿里巴巴迅犀（杭州）数字科技有限公司赫然出现。这次是阿里想给饱受库存之痛的中国服装业一个惊喜，这家数字化工厂开宗明义表示专接小订单，核心能力在于“按需定制，100 件起订，最快 7 天交付”。简而言之，从下单到消费者穿上身就 7 天。开启了从直播间到生产车间再到消费者房间的飞快模式，打通了供应链+电商平台。下面来了解几家国内直播供应链产业基地的运营模式，深刻认识供应链对于直播团队的重要性。

1. 供应链学习案例 1：广州白马服装市场+岭南鞋城（案例来自网络）

本案就是典型的市场与商户共生+完善后勤服务配套。

白马服装市场自 2019 年 1 月成为淘宝直播首批官方授权的供应链基地后，便逐渐启动具有自身特色烙印的直播电商发展之路。与现阶段国内主流的电商直播产业结构中供货方与直播服务方彼此脱离的模式不同，白马服装市场模式是建立在供货方与服务方角色双重融合的基础上。整个产业链的核心是以市场带动市场商户商贸活动方式向电商直播化转变为主，是直播电商模式与传统专业市场融合发展的特色化演变。围绕电商直播，目前白马市场为商户共推出 3 种服务模式，分别为市场统一直播、商户直播、直播采购节，用于助推市场商户完成商贸活动方式的提档升级。

白马市场特色直播电商模式示意如图 10-1 所示。

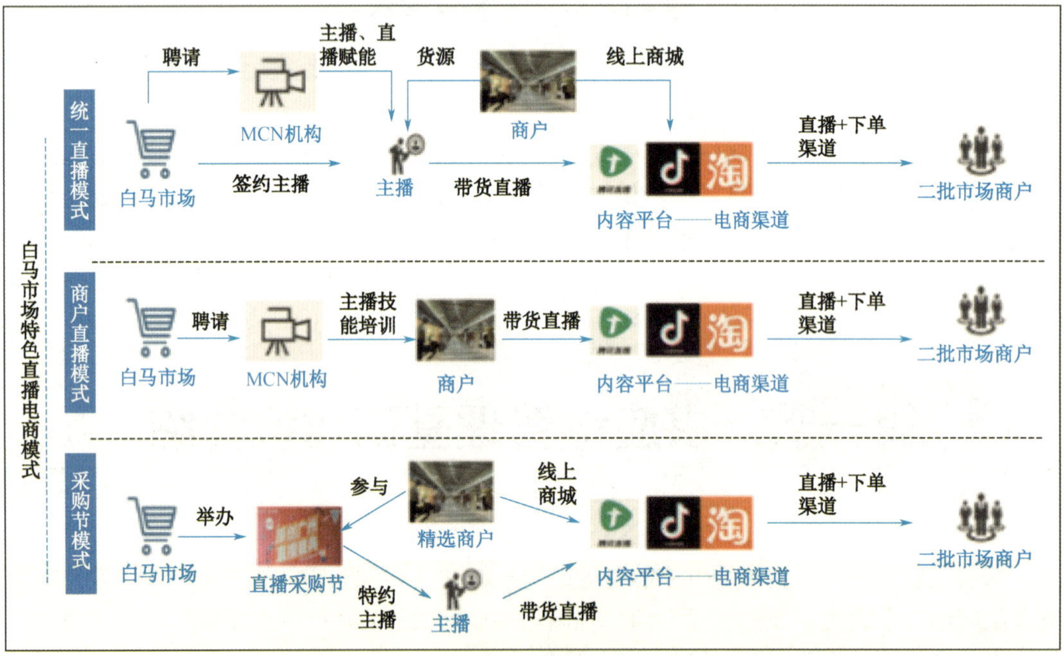

图 10-1 白马市场特色直播电商模式示意

与主流直播电商产业链结构相比，白马市场的直播电商带有明显的特色属性。首先是市场与供货方——市场商户具有明显的共生关系，前者通过为商户在直播方面提供协助，达到提高商户对市场的黏度目的；其次，白马市场直播电商最终的受众对象是以二批市场商户为主，与主流的电商直播受众对象为终端零售消费者有所差异，这两方面的特色属性使得白马市场的电商直播形成自己独特的烙印。

为进一步提高商户向电商直播等线上商贸活动转变，降低商户服装产品的线上展示难题，白马市场除了在电商直播服务模式推陈出新之外，还为商户提供主题性拍摄场地及穿衣模特、照片拍摄和后期制作等一系列“后勤”服务，为商户的线上商贸活动全面赋能。

广州岭南鞋城就是典型的物业升级+专业直播电商服务模式。

岭南直播基地前身为 2009 年开业的岭南鞋城，曾转型为电商产业园，后由于电商企业逐渐撤场而陷入物业空置的困境。在时隔一段时间的蛰伏后，项目于 2019 年以转型为直播基地的姿态正式回归大众视线。岭南直播基地示意如图 10-2 所示。

图 10-2　岭南直播基地示意

与电商直播在白马市场的特色结合形式，以及主流的电商直播产业结构流程有所差异，岭南直播基地的直播领域转型是建立在存量物业空置问题之上的。通过规划打造主题拍摄基地及带有直播设施、主播孵化培训等服务配套的直播网红社区，全面吸引 MCN 机构、网红零售买手店入驻，缓解市场空置问题。除了在物业及服务模式方面的升级之外，岭南直播基地自身经营业务也向直播领域发展。今年 4 月份，岭南直播基地正式推出其直播领域业务板块，通过为基地及外界有直播需求的商家提供直播电商代运营、主播培训等服务为企业开辟新的盈利途径，创下专业市场直播电商转型的先河。

2. 供应链学习案例 2：杭州阿里“犀牛智造”

本案例非常清晰地描述了中小服装行业供应链之痛。犀牛智造示意如图 10-3 所示。

图 10-3　犀牛智造示意

犀牛智造者先解决服装行业中小商家的痛点。服装大品牌制造力强、现金充裕、抗风险，或者说消化滞销库存能力相对好一些。而中小商家以设计和反应速度取胜，但是由于订单量过小，所以往往得不到制造商的支持和优先排期。

“犀牛智造工厂”的按需定制，快速交付能力解决了中小商家“定单小，定单散”的难题，让服装品牌快到飞起，加强了供需两端的匹配。

第二节 管理实施

本节主要介绍直播供应链管理实施相关知识。做直播学习供应链管理是非常重要的，如果没有供应链管理，直播间容易出现如下问题。

（1）货品结构混乱、没有清晰的市场定位。

（2）没有专业的直播运营团队，靠个人独立支撑。

（3）多数消费者反映直播购买的产品质量差、退货率居高。

（4）对于直播行业的供应链认知不足，商家没办法掌握产品运营的质量。

（5）商家认准电商直播是一个有前景的行业，但贸然进入该行业却不知如何前行。

再小的供应链也应该五脏俱全。如果组织架构不清晰，业务没办法具体到个人，多数情况下主播一个人不仅要完成找商品的事，还要处理售后物流等一系列的问题。甚至还要兼职做场控，那么这样的供应链通常都不能长久维持下去。虽然电商直播发展到现在已经有几年的时间了，但大量的商家和 MCN 机构涌入进来，导致用人成本水涨船高。从业人员流失率也随之升高，好的直播运营人才不容易找到，供应链管理人才更是稀缺。

做直播供应链要学会搭建自己的运营团队，齐心协力共同做好。

供应链管理实施的运营核心岗位有 3 个，分别是商品运营、直播运营、直播场控。

1. 商品运营的核心工作

（1）管理日常货品业务，通过各种形式开发供应链的商品供货商和合作伙伴。

（2）熟悉直播生态的货品结构，协助团队定制供应链的货品管理及完善相关制度。

2. 直播运营的核心工作

（1）管理供应链及直播相关的业务，通过多种形式提升供应链的销量。

（2）整理、收集业务信息资料，建立最新的信息资料库；熟悉整理直播生态相关知识，对新手员工进行管理培训。

（3）协助团队制定关于直播卖货的发展目标及完善相关的管理制度。

3. 直播场控的核心工作

直播场控通过各种形式帮助主播调节直播间的氛围、解决及应对直播发生的各种情况，以提高单场直播的销量。

供应链团队与主播合作要做好如下准备工作。

1. 制定匹配主播属性的产品

（1）同样的价格比同类产品质量好，同样的品质比同类产品更便宜。

（2）同样的产品能在感官上更胜一筹，档次较高的产品形象更有优势。

2. 制作能打动主播的内容

（1）制作产品明细表格和产品说明文档，最好录制运用 FABE 销售法则讲解的 VCR。

（2）准备提前预热脚本。

（3）产品陈列要大方美观、包装精美，数量尽可能多，增加主播好感度。

（4）设置合理的直播佣金。

3. 供应链运营配合要到位

（1）提供产品优惠信息、促销折扣信息，保证库存精准程度。

（2）组织员工观看直播，关注产品卖点。

（3）建议全程跟播，必要时可以给直播团队开一个子账号。

（4）配备专业场控人员，抽奖、福利、赠品等。

4. 帮助主播提高产出

（1）主图添加主播信息和优惠信息，标题增加主播推荐。

（2）增加赠品，部分商品赠送小样，赠送消费优惠券。

5. 正确对待主播的付出

（1）告知数据：直播以后给主播一个精细的销售和转化的数据。

（2）发货跟进：跟进发货的速度、发货的进度和发货的完整度。

（3）超卖情况：尽量不要出现超卖，一旦出现，要第一时间与主播共同解决。

（4）售后维护：做好售后，维护好粉丝与主播的关系。

6. 做好供应链管理

（1）控制好自己的商品品质，电商直播的本质还是电商，只有好的产品才能卖得更好。

对于电商而言，应该把重心放在选品上。产品选择得好，无论是直播还是其他渠道，都不会卖得很差。

（2）提升整体运营实力，电商直播的供应链不是单纯的卖货，更应该把重心放在如何服务好主播及消费者上。搭建优质的直播运营团队，认真地做好每一场直播的策划，及时高效地解决直播之后的售后问题。

（3）根据产品的特性多渠道布局，直播的爆款周期较短，一般 3～7 场一个产品的受欢迎程度就过去了。利用直播间进行测款，增加其他销售渠道完成供应链的销量。

目前直播平台多，各个平台的主播对产品的需求也高。直播团队要结合自身的优势和身边的资源最大化，将产品通过直播的渠道销售出去。

（4）与主播建立长期稳定的合作，与头部主播进行合作。通过数据选款不仅能稳定供应链的开播率，还能大大提高销售数据，稳定之后也能有效地控制退货及库存。

（5）与机构深度合作，和机构一起帮助主播成长不仅能帮助腰部主播更新直播款式，也能借助机构主播帮忙清理直播之后的库存及退货。

第三节 供应链系统

本节主要学习直播供应链系统知识。做直播供应链场地是核心，也是电商直播人、货、场中至关重要的一环，优质的直播供应链可以参考品牌方的线下门店。

1. 搭建一个系统的直播供应链基地

直播供应链基地的布局示意如图 10-4 所示。

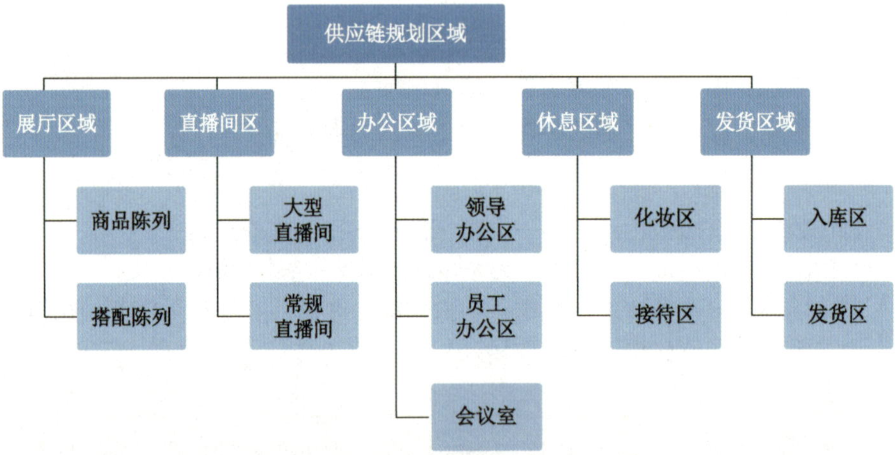

图 10-4　直播供应链基地的布局示意

（1）直播基地规划：要做好直播基地，首先要搭建好直播间。供应链整体面积建议是 1 000 平方米以上，5 个以上的直播间，包含直播区域、选品区域和发货区域。

（2）直播间设备：包含灯光、计算机、桌椅、摄像头、试衣镜、衣架、龙门架和其他相关的软装（如沙发），搭配类配饰（鞋子、包包、帽子、围巾等）。

（3）直播间选址：建议选在直播比较密集的地方，一般选择主播相对比较多的区域或者离货源比较近的地方。要么方便主播选款和直播，要么方便货品的补充和款式的更新。

2. 搭建一个优质的直播供应链团队

直播供应链团队示意如图 10-5 所示。

3. 搭建一个系统的供应链货品矩阵

直播间销量高的产品基本上要具备两个属性，一是具备很高的性价比，二是新品或者首发。

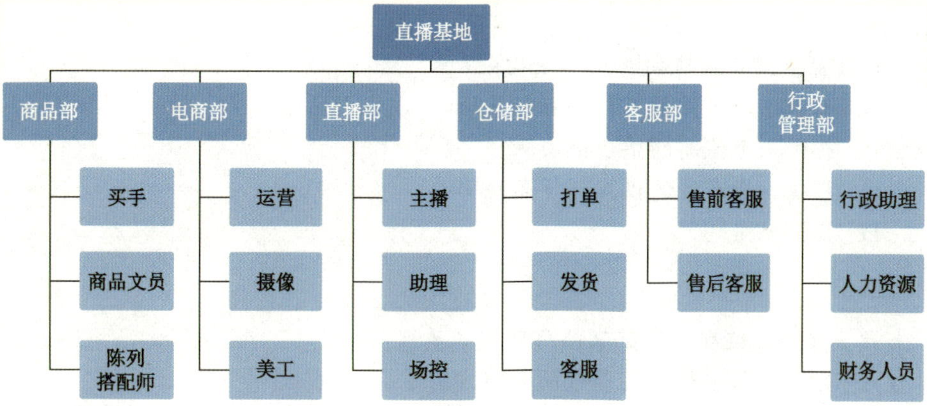

图 10-5　直播供应链团队示意

做好供应链的货品结构，和主播合作起来便会简单很多。做直播供应链和做商家直播有本质的区别。直播供应链团队要从卖货思维转化到服务思维，由供应链卖货改变到帮助商家卖货，以及为主播做好服务这件事情上来，具体操作如下。

（1）帮助品牌方卖货。

（2）帮助工厂卖货。

（3）帮助电商品牌卖货。

（4）帮助尾货商变现。

（5）帮助批发市场走量。

练习题十

单选题

1. 以下哪些是因为没有供应链管理而导致出现的问题？（　　）

A. 货品结构混乱、没有清晰的市场定位

B. 多数消费者反映直播购买的产品质量差、退货率居高

C. 没有专业的直播运营团队，靠个人独立支撑

D. 以上都是

2. 供应链管理实施的运营有哪几个核心工作？（　　）

A. 商品运营的核心工作

B. 直播运营的核心工作

C. 直播场控的核心工作

D. 以上都是

3. 优质的直播供应链由哪几部分构成？（　　）

A. 搭建一个系统的直播供应链基地

B. 搭配一个优质的供应链团队

C. 搭建一个系统的供应链货品矩阵

D. 以上都是

多选题

1. 做直播供应链和做商家直播有哪些本质区别？（　　）

A. 做直播供应链主要是帮助品牌方卖货

B. 做直播供应链主要是帮助工厂卖货

C. 做直播供应链主要是帮助尾货商变现

D. 做直播供应链主要是为了赚更多钱

2. 如何制定匹配主播属性的产品？（　　）

A. 同样的价格比同类产品质量好，同样的品质比同类产品价格更便宜

B. 同样的产品能在感官上更胜一筹，档次较高的产品形象更有优势

C. 提供产品明细表格和产品说明文档

D. 产品陈列要大方美观、包装一定要精美

问答题

1. 简述直播供应链的搭建模式。

2. 简述直播供应链团队工作的基本流程。

3. 简述供应链管理的核心。

4. 供应链系统的建设可以给直播运营带来哪些收益？

第十一章

直播团队建设

本章主要学习直播团队建设的相关知识，包括团队组织构架建设、团队岗位职业、团队文化建设、团队管理与激励制度等。

第一节 搭建直播团队及团队岗位职责

本节主要学习直播团队搭建及团队岗位职责的相关内容，搭建直播团队是做好直播电商事业的第一步。如果想要真正做好直播带货，搭建一个好的团队来运作是很有必要的，优秀的直播团队也能够让工作效率方面有所提升。

搭建直播团队需要考虑岗位设置、工作内容、工作流程，以及团队的管理考核制度等。

直播团队组织结构包括商品运营、电商运营、直播运营、仓储运营、客户运营、新媒体运营、数据运营岗位。

直播运营团队的岗位包括直播运营、商品运营、仓储运营、客服运营、新媒体运营、数据分析运营等。直播团队组织结构明确之后，接下来就是岗位的职责问题。由于主播团队一般自身没有产品，需要寻找供应链，所以就需要设置一个商品运营的角色负责选品等工作。

直播运营岗位主要包括主播、助理、场控等，主播岗位的工作内容包括开展直播、与消费者互动等；主播助理的工作强调辅助，工作内容有协助主播开展直播、参与策划直播的内容、在各大平台发布直播预告、在直播间充当副主播的角色进行互动和引导等。直播运营除了主播和助理，还有一个岗位是场控，负责场地的软硬件设备搭建，配合直播间的互动。例如，主播在直播间里面表明准备发红包、发福利券时，场控就要在后台进行操作，还要负责直播前后的产品上下架，以及价格调整。场控做的一般都是基础工作，同时又要完成直播过程中出现各种意外事故的补救工作。

商品运营岗位主要负责直播团队的产品供应链质量环节，为主播打造售前售后的商品体系。

仓储运营岗位主要负责产品物流、打单等工作。

客服运营岗位主要负责线上线下客户咨询及售后咨询等相关事宜。

新媒体运营包括策划、宣传等岗位。其中策划岗位更像是运营总监，不仅涉及自己直播团队部门的管理和策划，还需要对接企业的其他部门，所以策划的工作内容会涉及产品选择和产品内容规划、促销活动策划、直播脚本的策划，以及各种内容的策划、制作与分发；宣传岗位基本是围绕策划好的直播活动进行全网的分发引流，以及通过主播的影响力进行宣传。

数据运营岗位的职责主要包括数据分析、数据统计、数据反馈等工作。数据反馈的结果需要反馈给运营总监，这样做的好处是能让前后端的工作流程走通。即运营总监能够通过后期的数据情况反馈出来的问题，更好地优化接下来的工作。所以拥有一个数据运营岗位还是非常重要的，通过整理出来的数据分析出数据背后反馈的问题并针对发现的问题提出一些优化的建议。优秀的数据运营人才不仅要能看到进入直播间的流量，还要通过数据联系到整体，对整个直播策划提供全局的优化建议。

第二节 打造高效直播运营团队

本节主要学习如何打造高效直播运营团队。直播团队组建后要让整个团队运转起来，需要一个清晰的工作流程，每个岗位的具体工作流程可根据运营总监基于具体活动策划进行开展。可以根据不同的直播活动策划工作来进行内容设计，工作流程的核心就是各个岗位的工作对接，高效的运营团队则从优质的工作流程开始。

直播运营的工作首先从直播策划岗位说起。在直播间的产品选择上直播策划岗位人员需要与运营团队、商品运营部门进行沟通，从而确定产品的策划内容及库存情况，再与主播和助理沟通直播脚本的设计，以及设置促销活动。并在直播前策划好预告内容，与助理对接进行分发。直播后与场控配合整理内容，以便于二次分发或直播复盘。

其次是主播和助播，表面上他们的主要工作在直播间内，实际上需要参与到整个运营环节中。其中包括直播环境的搭建、直播前的准备、直播后的数据复盘，以及选品和营销策略的制定，他们还需要提供一线最直观的消费者反馈建议给团队。

场控岗位人员需要对接的是策划提供的一些直播间搭建需求，以及产品、内容、活动的平台操控要求，并与主播和助理提前沟通好直播脚本。如果遇到一些产品库存问题，要及时反馈给策划对接处理。

数据岗位人员的工作看起来像是生产线的最后一道工序，在对数据进行收集分析后，提供优化建议与整个团队开会讨论，兼顾整体的同时细化到每个点。数据分析岗位还有一个重要的工作就是规划直播间引流的投入产出比，有了这些投放的数据还能进一步与策划沟通优化内容分发，与主播和助理沟通优化互动的环节等。

以上这些岗位的人员工作串联起来就是一个标准的高效直播团队的运营流程。

第三节　团队管理与激励政策

本节主要学习直播运营团队的管理与激励。一个合格的直播运营团队该是什么样的？可以总结为一个声音、两个核心、3 个要点、4 个支柱。

1. 一个声音

所谓一个声音有两层意思，一方面指团队的高度集权，对团队领导者的高度信服与认同，以及强烈的信任感和无条件地支持。这并非一种盲目或者狂热，而是所有人拧成一股绳、所有力量集中到一起的直接表现；另一方面是说团队的高度统一，拥有共同的目标和荣誉，并且具备统一的安排和行动，匹配一致的标准和要求等。这样的队伍才是不可分割的整体，才是配合无间的战斗机器。

2. 两个核心

团队建设的两个核心目的，其一，为公司创造更多利润；其二，为员工谋求发展前途，两者相辅相成、良性循环。带领团队为公司创造更多利润才能推动团队更好地发展，从而为我们所有人创造更多的发展空间。当然在为公司创造更多利润的过程中，员工也能获得更多的收入，这是双赢最直接的体现；此外团队成员在创造利润的过程中提升了自我能力、展现出自我价值，也为自己赢得更好的发展机会。

3. 3 个要点

天道酬勤、地道酬厚、人道酬助。“勤”是团队强大的基础，勤思考、勤执行、勤学习，勤才能熟、熟就会巧。爱折腾才能会折腾，会折腾才能有效果。所以勤可以成为一种习惯，一种优秀；“厚”是队伍团结的基础，是一种理解、一种体谅。它也是一种认同，即对他人处境的理解、对同事难处的体谅、对同事辛苦的认同。厚是将心比心、感同身受，是团队温暖的来源；“助”是团队默契的基础，帮助、协作、共享、各施所长。既能提高效率，又能实现优势互补，还可收获人心，助人亦是助己。

4. 4 个支柱

一是规矩，没有规矩不成方圆。一个团队没有了规矩的约束，就无法形成良性风气。散漫随意等恶习将逐渐滋生，从所谓的不重要的小事开始，最终蔓延到所有的工作环节；二是流程，怎么才能提高效率、保障效果？怎么才能快速上手、执行到位？流程的明确是关键，统一的操作标准、具体的细节要求会让所有人成为合格的员工。因此做好流程无论是对于新人的成长，还是降低管理的难度都有着一劳永逸的效果；三是训练，知识是培训出来的、能力是锻炼出来的，加强对员工的实操练习才能更好地提升他们的战斗力；四是奖惩，合理的制度有利于促进工作的推进，明确奖惩标准。

所谓管理，目的是为了更好地经营，一方面是经营项目，另一方面则是管理员工。要实现长久发展，实现双赢，二者必须兼顾。

第四节 团队文化建设

本节主要学习直播运营团队的文化建设。直播运营团队文化建设要充分体现初创团队的基因，首先不着急模仿形式主义，团队文化是从初始团队成长出来的。作为团队的领导者可以先从以下几步入手逐步把团队文化搭建起来。

1. 了解他们

开始可以先多花一些时间去了解团队成员，了解他们大致的脾气秉性、兴趣爱好、价值观等。

2. 保持信息通畅

利用好周会，保证团队成员之间信息的通畅。遇到问题，可以多组织大家讨论，尽量让每个人都能体现在团队中的存在感。团队领导在组织讨论时，最好提前做一些思考，但是不要太强势地推进自己的价值观。在大家讨论的时候多鼓励团队成员发言，适当做一些引导就可以。

3. 建立信任感和安全感

出现一些不可控的状况时，要先把事情扛下来共同解决。事后处理时，对于成员间的互相指责要明确制止。尽量多从解决问题、防患未然的方面下手，少批评人员。

4. 团队建设活动

根据团队不同的风格形成一些团队活动的模式。

5. 团队扩张不要太迅速

太快速的扩张会稀释文化，最好是形成核心后慢慢滚动发展。不要把工作安排得过于饱和，留给大家一些为团队服务的精力。

以上有些是针对初创团队的团队文化建设，作为领导者必须要做的，有些是需要团队成员一起参与的。经过一段时间的磨合，团队总是会形成一些大家都认同的规则，以及处事机制、价值观，这时候团队文化自然就形成了。

练习题十一

单选题

1. 以下哪个选项不是直播运营团队必备的岗位？（　　）
   A. 电话销售　B. 商品运营　C. 直播场控　D. 数据分析
2. 直播运营团队中的数据运营岗位主要包括哪些工作？（　　）
   A. 直播数据分析　B. 直播数据统计　C. 直播数据反馈　D. 以上都是
3. 直播团队文化建设中哪项为非必要的？（　　）
   A. 明确的激励政策　B. 明细的工作流程与分工
   C. 将每个岗位打造出明星归属感　D. 团结一致和目标一致

多选题

1. 如何打造高效的直播运营团队？（　　）
   A. 一个清晰的工作流程　B. 具体的活动策划
   C. 清晰明了的岗位职责　D. 以数据为驱动的考核指标
2. 直播公司团队管理与激励政策包括哪些？（　　）
   A. 拥有一个能让团队高度信服与认同的领导者
   B. 需要建立强烈的信任感和无条件地支持
   C. 带领团队为公司创造更多利润才能推动团队更好地发展
   D. 明确奖惩标准，达标必奖、不够必罚

问答题

1. 简述直播团队的文化建设。

2. 简述直播团队的激励政策。

3. 简述直播团队各个岗位的核心工作。

第十二章

学习拆解优秀直播间的方法论

直播运营的方法与技巧日新月异，一成不变的运营模式很难支撑直播长久运营。所以与时俱进地学习优秀直播运营模式才是直播运营团队必须掌握的技巧，优秀的直播运营团队可以及时迭代自身的直播运营策略。本章主要学习如何拆解优秀直播间并化为己用。

第一节　如何拆解直播间

本节主要介绍如何学习优秀直播间的运营模式。主播都会遇到一些问题，如为什么直播间留不住人？这就是直播运营的技巧，主播要学会拆解优秀的直播间。

直播间是否能留得住人不仅会影响直播人气，还会影响直播收益，所以就需要拆解头部优秀主播的直播间进行学习。

本节挑选一些实际案例来进行直播拆解学习（案例来源于网络），直播运营模式拆解示意如图 12-1 所示。

直播环节	优秀直播间运营动作	目　标
直播前准备	6 种以上精细化运营动作	引流、聚人
直播中互动	10 种以上精细化运营动作	转化、促单
直播话术文案	3 种以上精细化文案话术	信任、福利
直播状态	激情、热心、专注	吸睛、感染
直播后运营	3 种以上精细化运营动作	口碑、复购、裂变分销

图 12-1　直播运营模式拆解示意

拆解李佳琦的直播运营模式如下。

1. 直播前准备

（1）时间：某主播的直播时间一般固定在晚上 8 点 15 分或 8 点 30 分，这是黄金时间。对于直播间的受众人群来说，这个时间点相对充沛。

（2）环境：进入某主播的直播间后，会发现明亮的灯光、一张干净的桌子和一堵简单的背景墙。整体风格没有杂乱的布置，会让用户把注意力都集中在主播身上。明亮的灯光可以让观众把商品看得更清晰，尤其是美妆产品的试用效果，观众能看到更多细节。

（3）道具准备：某主播在直播间中经常会借用一些道具，更加直观形象地展现产品效果。例如，计算器、小白板、手机等。在计算折扣和价格环节，会拿出计算器将数字展现给观众。到了下单和领取优惠券环节，会让小助理用手机演示一遍。以带领大家快速完成操作，减少了因不可控因素降低转化率的情况。

（4）选品定价：直播带货的两个关键是主播和产品。对于产品，主播背后有专门的商务团队和选品团队。团队一直坚持 3 个原则，即广度、热度、价格。每件商品都需要经过 3 层审核，即团队筛选、团队试用、主播和助理试用。选品团队会对产品进行评估，包括产品特性、品质、品牌来源、价格等。以保证产品的品质标准，确保是全网最低的价格。然后会由团队进行试用，等前边两个环节通过之后，会由主播和助理试用决定是否要上直播。这种严格的选品标准也更加深了用户的信任，这些信任都会带到直播的时候在转化率和销售额中体现出来。

2. 直播中互动

（1）选品流程：每次直播开始主播都会用标志性的嗓音在直播间同大家打招呼，他可以 1 秒钟进入直播状态，引导粉丝进到直播间。

直播开场主播会先对今天所有直播间上架的产品进行一个简单的介绍，也方便那些不能全程观看直播的粉丝可以针对性地进到直播间。开场之后，会先上两种价格不贵，但是比较畅销的产品来提升直播间的氛围。前两种产品一般用来引导大家快速进入直播间的紧张氛围里。然后会有“秒杀款”进行直播间导流，一般是价格便宜的爆款产品，引导直播间的粉丝转发吸引流量进来。接下来会有“基本款”，一般选择一些性价比高、用户评价还不错的产品。还会有“利润款”，可能走量，可能走价格。这个时候你会发现直播间的氛围已经达到了比较好的状态，粉丝也都进到了购买的情绪里，并且会有适当的利润款产品来提升直播间的收益。

最后会通过一些“限时限量款”“平价款”等产品结束直播，让粉丝意犹未尽，继而关注产品或者下一次直播；同时在直播最后预告下一次的直播时间和基本安排进行预热。

（2）产品介绍：直播带货的一个关键，就是如何通过语言把产品的亮点最大限度地表现出来，吸引用户的关注。内容上要有趣，有用。还可以通过消费者的不同心理，紧紧抓住他们的心。例如，通过具体数字，给粉丝营造一种感知，即这是很多人买过和验证过的，肯定不会差。

下面是通过充满画面感的文案进行示例。

（1）描写香水：“穿着白纱裙，在海边漫步的女生，非常干净的那种感觉”“下过小雨的森林里的味道”等。

（2）描述口红：“天不怕地不怕的颜色”“接触到你嘴巴上，它就变成水，这是我用过的最薄的口红”“这支唇膏在嘴巴上面会跳舞”等。

除了产品，主播也会在直播中与粉丝分享专业知识，教大家如何正确护肤、化妆，以及不同化妆方法的作用、特点、注意事项等。专业性的知识背景给粉丝营造一种专家的印象，更加深了对主播的信任。

（3）直播间活动：介绍几款产品后，主播会在直播中插入一些活动，如抽奖，以及发放红包、优惠券、奖品等。这些活动不仅能够带动直播间的氛围，也可以为直播间吸引新的流量进来。

3. 直播状态

主播在直播时，全程都是积极的状态。语速很快，但并没有带来不适的感觉。这种积极的状态也会影响直播间的粉丝，让粉丝快速进入直播间紧张抢购的氛围里。介绍产品情况的时候，主播都会把产品放到镜头前并用手掌作为背景板，把观众的关注点引导到产品的细节上。除了介绍产品，主播会时刻关注评论区的情况；同时关注产品的库存情况，如果出现库存不足，则立刻提醒粉丝，或者协商商家进行补货。

4. 直播后复盘

直播后复盘是直播的售后环节。作为头部带货主播，团队在售后上也有一套严格的标准，这里不做详细介绍。

5. 私域运营

主播每次开播都能够获得快速稳定的流量，除个人吸引力和平台推荐外，更重要的就是直播运营团队对私域流量的运营。每次开播前，主播的微信公众号都会对直播进行预告。

第二节 优秀直播间的运营技巧

本节主要学习优秀直播间的精细化运营技巧，一些头部主播的精细化运营技巧非常值得直播运营团队学习与借鉴。直播运营技巧主要分为直播中留人技巧和话术技巧两类，这两大技巧决定了直播销售额的规模。

一、直播间留人技巧

直播间留人技巧分为直播前留人技巧、直播中留人技巧、直播互动留人技巧、直播价值内容留人技巧、其他留人技巧等精细化运营技巧，如表 12-1 所示。

表 12-1　直播间留人技巧

直播环节	目　标
直播前	为直播间引流并吸引精准粉丝
直播中	为直播间留住人并锁定精准粉丝
直播互动	为直播间留住人并批量精准转化
直播价值内容输出	为直播间促单逼单实现规模转化
其他环节	为直播间促单逼单实现规模转化

1. 直播前留人技巧

直播前主播可以录制一个直播预热视频，用来吸引用户进入直播间，其中有以下 3 个留人小技巧。

（1）用悬念来勾起用户的好奇心。

直播预热视频中通过留下悬念的方式让用户产生好奇，这样用户就会进入直播间。在直播中满足用户的好奇心，就能留住用户。主播可以提前录制好一个预热视频，一般提前两天发布预热视频。

（2）观众进直播间能获得什么？

在直播预热视频中告诉用户能获得什么，例如，直播间有送红包、送书籍的福利，那么想要福利的粉丝就会进入直播间。

（3）私域流量的预热。

直播前可以通过朋友圈、群预热预告直播时间，有什么福利？带来什么价值？通过一个私域完成直播间的预热。在直播开始前一分钟时，在直播间复制链接发布到朋友圈和粉丝群进行引导，从外部导流直播间增加直播间人气。

2. 直播中留人技巧

把用户吸引到直播间后，主播要想办法把用户留在其中。开场很重要，开场时要热情，用热情的话术和动作欢迎进入直播间的观众。

3. 直播互动留人技巧

直播开场时观众不多，需要主播自行开启话题，让直播间热闹起来。直播进入正轨时主播要和观众互动，让观众参与进来，一方面是为了调动直播间氛围；另一方面也有助于建立和观众之间的联系。例如，多关注直播间弹幕粉丝的留言，及时了解观众的需求并解决需求；及时回答并进行引导性提问，提升互动率。

4. 直播内容留人技巧

不论是热场还是抽奖，都只是直播留人的前期工作。直播间有持续的内容输出才是最根本的。高人气的直播间，留住用户最核心的是直播内容。

5. 其他直播留人技巧

除在直播前和直播中留人外，还要注意直播后细节上的维护，留住关注直播间的粉丝。

（1）固定直播时间。

主播需要尽量固定直播时间，使得新关注的粉丝能快速知道主播在什么时候直播，有哪些直播内容和福利。当他们习惯了定时定点看直播，那么这些粉丝就成功地被留住了。如果是带货，就要明确直播间的带货产品及主打产品是什么。在吸引观众的同时引导观众关注和互动，增强观众的留存时长。

（2）粉丝活动。

主播还可以不定期举办一些互动活动，例如举办抽奖活动等给粉丝回馈，增强粉丝黏性。当然每一种直播的留人技巧都不是一成不变的，根据直播间粉丝人数的变化，直播成熟度的提升等，可以适当地调整和更新直播留人技巧和话术。从而给粉丝带去新鲜感，保持直播间的长期平稳发展。

二、直播间销售话术技巧

在直播过程中，运营团队应该在不同的环节准备多种不同的话术来运营，如表 12-2 所示为直播间话术技巧的目标。

表 12-2　直播间话术技巧的目标

直播环节	目标
直播开场话术技巧	引起好奇，吸引注意力，拉近距离
直播中互动话术技巧	吸引注意力，锁住粉丝，营造氛围
直播中价值认同话术技巧	引发认同感进行销售转化
直播中促单话术技巧	营造促单氛围，刺激销售转化

直播运营团队需要准备直播话术的 3 大参考指标如表 12-3 所示。

表 12-3　直播话术的 3 大参考指标

话术 3 大参考指标	方法
内容变化	声调要变化，有力度。内容要变化，多举例子多重复，因为观众在不断进入
善于观察	说服对方要给对方接受的余地，留给观众思考的时间。要像对一个人说话一样中间有停顿，观察对方反应
感情丰富	有感情的话术才能给观众信赖感

直播运营团队需要掌握的优秀话术培养的方法如表 12-4 所示。

表 12-4　优秀话术培养的方法

优秀话术培养	方法
话术组织思路	◆ 以产品为中心的思考方法 ◆ 以营销为中心的思考方法 ◆ 以顾客需求为中心的思考方法
话术锻炼思路	◆ 说肯定的话 ◆ 说真话，对顾客要坦白 ◆ 说重要的几点 ◆ 重复，但要在重复中变通

续表

优秀话术培养	方　法
理性话术	偏重功能的介绍阐述，多说数据、多做分析、多看干货
感性话术	偏重情感交流，生活感知，多讲故事、多举案例 根据不同的产品类别选择适合的话术风格
好的话术节奏	◆ 快速、简单、爆量的商品：话术节奏需要头脑清晰，语言明快；基本要点阐述顺畅，情绪饱满热情 ◆ 高单价、难度高的商品：逻辑强，深挖掘；表达起承转合；要有画面感，知识底蕴足 ◆ 认识误区：速度快不等于节奏快，节奏快不代表语速快

练习题十二

单选题

1. 以下哪个选项不是优秀直播间的运营模式？（　　）
   A. 拥有精细化的话术策略
   B. 拥有精细化的商品组合矩阵
   C. 拥有高效运转的直播团队
   D. 跟风随意制造假剧情的直播策划
2. 优秀直播间的哪个运营动作不合格？（　　）
   A. 直播前的标准化引流
   B. 直播中的精细化互动模式
   C. 直播后的数据分析与复盘
   D. 大胆随机连麦增加互动感
3. 好的直播间话术具备哪些要素？（　　）
   A. 语言明快
   B. 情绪饱满热情
   C. 偏重情感交流，生活感知，多讲故事、多举案例
   D. 以上都是

多选题

1. 直播运营团队需要掌握哪些直播话术方法论？（　　）
   A. 以营销为中心的思考方法来组织直播话术
   B. 偏重功能的介绍阐述，多说数据、多做分析、多看干货的话术逻辑
   C. 话术节奏需要头脑清晰，语言明快；基本要点阐述顺畅，情绪饱满热情
   D. 逻辑强，深挖掘，表达起承转合

2. 直播间有哪些留人技巧？（　　）
   A. 直播前引流聚人技巧
   B. 直播中锁人留人技巧
   C. 直播价值内容输出留人技巧
   D. 直播中运用福利促销等技巧
3. 如何拆解优秀直播间运营模式？（　　）
   A. 拆解优秀直播间直播前的精细化运营动作
   B. 拆解优秀直播间直播中的精细化运营动作
   C. 拆解优秀直播间直播后的精细化运营动作
   D. 拆解优秀直播间直播互动的状态及团队的配合度

问答题

1. 简述如何拆解优秀直播间。

2. 简述优秀直播间都具备哪些运营模式。

3. 简述如何做直播运营复盘工作。

4. 简述如何做一次优质的直播策划。